達摩與你同行

覓一個不受惑的人

目次

序　　　　　　　　　　　　　　　　　　　11

〔輯一〕

修行的重要觀念　　　　　　　　　13
念佛與參禪　　　　　　　　　　　　14
發菩提心　　　　　　　　　　　　　16
佛性本自具足　　　　　　　　　　　18
生死根本：六根攀緣分別執著　　　　19
解脫根本：稱性起修　　　　　　　　21
不離清淨心念佛　　　　　　　　　　23
直心是道場　　　　　　　　　　　　25

念佛禪的方法　　　　　　　　　　27
以不生滅的真心來用功　　　　　　　28
虛空本無花　　　　　　　　　　　　29
放下萬緣，制心一處　　　　　　　　32
母子相憶，專憶專忘，憶忘一如　　　35
恆常努力用功　　　　　　　　　　　37
默照與話頭，歸元無二路　　　　　　39

深切叮嚀：修行重在真實的知、踏實的行 41

依真心修行 42

觀照五蘊皆空 43

從生命實踐佛法 44

〔輯二〕

達摩祖師的二入四行 47

　理入 48

本自具足，不假外求 48

藉教悟宗，依善知識指導 50

祖師禪是定慧一體的用功 52

修行首先要有正知見 54

頭怎麼不見了？ 56

無智可得，無相而修 59

放到無可放 62

對治顛倒妄想的最好方法 64

冥心入道——默照與話頭 66

　默照——全體大用 67

　話頭——藉幻修幻 69

善知識的重要 71

心光綻現 73

🍃 行入 78

1、報怨行 78

如是因，如是果 79

如野地花草，展現風雨磨練的韌度 85

烈火洪爐成就生命的莊嚴 88

【修行的叮嚀】 96

修行本因 96

憶持法門 99

念佛是誰？ 102

再回首，如夢幻泡影 104

因果不昧 108

相由心轉 116

般若智慧的力量 121

空觀的智慧 122

假觀——藉假修眞 123

中道觀 124

【修行的叮嚀】 126

做眞正的活人 126

反聞自性 128

直緣眞心，圓修圓照 131

放下生滅心　　　　　　　　　　　　135

須菩提托缽　　　　　　　　　　　　137

2、隨緣行　　　　　　　　　　　　145

不迷失於順境　　　　　　　　　　　146

平等中有差別相　　　　　　　　　　150

【修行的叮嚀】　　　　　　　　　　154

　捨離一切對立面　　　　　　　　　154

　極樂世界就在眼前　　　　　　　　158

3、無所求行　　　　　　　　　　　165

堅固的五蘊妄想　　　　　　　　　　166

東老的全體大用——智慧接引　　　　168

無所求不是什麼都不做　　　　　　　176

【修行的叮嚀】　　　　　　　　　　182

　心沒有消失，只是變安心了　　　　182

　不貼標籤　　　　　　　　　　　　184

　生命的大道場　　　　　　　　　　188

　佛的形相　　　　　　　　　　　　191

4、稱法行 194

心心相印 194

無事閒道人 196

修行常犯的毛病 201

作病 202

止病 203

任病 206

滅病 211

在無法可得中精進努力 216

凡所有相，皆是虛妄 220

我相 222

人相 223

眾生相 224

壽者相 225

臨別叮嚀 228

序

　　佛法的全體大用，我們每個人都本自具足，你為什麼不肯直下承當？

　　不是我們沒有，只是還不明白，那麼，就依著祖師的教誡前行。在修行路上，正確的指導是很重要的，就像我們開車用 GPS 導航系統來幫助定位，為我們指引方向，否則可能你想到北邊、卻不知道自己正往南行，你要走到哪一天？你要修到哪一年？

　　達摩祖師「二入四行」的教誡，就是我們最好的 GPS，不僅指示出方向、更指點了途徑，除了教導我們要依何種心態和觀念來發起修行的心，更告訴我們該如何實際運用在生活上。

　　有了正確的初發心，最後才能相應到究竟的實相；而在過程中，也要一步步踏實走過，真正從生命中去實踐佛法。因此，「二入四行」可以說是修行人在修行道路上的最佳良伴！

　　修行不難，讓達摩祖師陪伴你同行！

修行的重要觀念

如果離開了清淨本性向外追逐，不管逐什麼相、
依何種法門，永遠不可能找到自己的真心。

念佛與參禪

2009 年 6 月，我應邀至法鼓山美國象岡道場主持了一次念佛禪。在那五天中，六十多位禪眾一方面以佛號聲攝受自己的身心，一面又能夠起觀照，參究生命的實相是什麼。我發覺這種修行更能攝受身心，而體驗到念佛與參禪法雖不同，證悟真心實無二別。

因此，回到台灣後，我在玉佛寺舉辦的佛七中（2009 年 7 月 24 日至 29 日），也以念佛禪的方法，讓大家學習以不同的方式念佛參禪。在這期間，我以達摩祖師的「二入四行」作為開示來指導修行。本書就是從這次開示整理出來的。

我發現很多人在修行時，因為沒有得到真正的指導，不知道各各法門的殊勝方法或次第，所以多會著在相上用功，往往越修離道越遠。因此在這次念佛禪七中，我指導大家如何從每一念正確地萌發我們的初發心，然後藉著念佛或參禪的修行，在最短的時間內得力，打破大家糊里糊塗、盲修瞎練的修行方式。

許多人將念佛與參禪當成不同的修行法門，其實，真正的佛法只有一味——解脫味，法門不同只是佛陀應病與藥時的差別罷了，因為每個人的煩惱和根器都不同，根據每個人的心性，佛陀會給予不同的教誡。

因此，除了念佛、參禪外，尚有諸多法門如持咒、誦經、乃至拜懺等，法雖有差別，並無高下之分，最終都是為使我們明心見性，了悟生死。

　　眾生也不要隨意認定自己根器不適合或適合修某一種法門。會這麼認為，是因為沒有真正認識自己，或是沒有得到真實的指導，不知道正確的修行方法與態度，因此修行時就起心動念，不是心外求法、就是著相用功，結果越修行身心所著的東西越大，離道就越遠，也就更無法體驗佛法真正的殊勝處。

　　有人在修行過程中，也許可以得到些許身心的覺受，但是一遇上生命中重大的橫逆或障礙時，身心馬上又作不了主，而被境所轉了，於是自認為煩惱重、智慧少，所以修行不得力等等；久而久之，對所使用的方法就失去了信心。

　　還有些人研讀經教後，便依文解字，照著經教上所說的去修，事實上根本不了解文字背後的意涵、也欠缺真正有體驗的人來指導，一旦在過程中遇到困難、或面臨身心轉變時，往往就不知如何是好。譬如念佛的人就一句阿彌陀佛老實念到底，以為如此就可以一心不亂，究竟成辦；至於什麼才是「老實念佛」、「一心不亂」根本都不懂，只會跟著大家一直念佛。

　　還有很多人甚至一開始學佛起修時就用錯了心。修行若以生死妄心來攀緣追逐，不管用哪一種法門，終究無法與我們真心或諸法實相相應。為什麼？因跟果不合！既然因地一開始就不對，如何能得到清淨的果位？

　　所以，修行時除了應具備正確的知見及初發心外，還需要善知識的一旁指導。一位有真實身心體驗的善知識，對修行者而言，就如同航海者的岸上明燈一般，可以為你指引正確的方向，而不致迷失或沉沒於茫茫修行大海中。

　　首先來講什麼是正確的發心，以及如何以不生滅的真心作為我們因地初心來修行。

🐟 發菩提心

　　很多人根本不了解什麼是修行、也不知道自己為何而來，聽到師父要大家發心念佛，就以為專心、大聲念就是發心。這是不正確的。還有一些人將分別心、妄想心、攀緣心、計較心當作真心，在用功時，想著要求生淨土，得到究竟解脫。這種將妄心當成真心來用功也是錯誤的。

　　經典告訴我們，以錯誤的因地心來用功而希望求

得佛果，就像蒸沙成飯，永遠不能達成。

什麼叫做發心？「發」就是發明、發現。發現自己的這個心是什麼。

那究竟我們的心是什麼？

《華嚴經》中提到，佛陀開悟時曾說：「奇哉！奇哉！一切眾生皆有如來智慧德相，但因妄想分別執著，不能證得。」我們的心本來是與佛無二無別，現在則因為在迷中而成為凡夫。真正的發心，就是去發現我們與佛無二無別的真心，也就是發菩提心。

發菩提心，並不只是為了個人遠離生死煩惱、甚至究竟成佛而已。它是一種大願心，希望一切眾生可以離苦得樂。成佛只是在利益眾生的過程中自然累積，所謂水到渠成，並不是向外乞求或刻意造作，如著相培福培慧、積功累德等等，到達圓滿，然後才有個佛可成。

因此，發心不是只求個人消業障、培福報，為自己免於三界六道輪迴而希求了脫生死；乃至於雖然發了菩提心，但還執著有佛可成，想藉修行去取得什麼、或捨掉什麼，達到成佛的目的。像這樣有所求的心，其實都是妄想心、生滅心、生死心，不是真正的菩提心。

佛性本自具足

　　菩提心真正的內涵，就如佛陀在《華嚴經》中所說，人人本來具足，不假外求，不假造作，也不假方便。既然本自圓成，所以修本無修，證亦無證。所謂修行，只是為放下自己種種計較分別、妄想執著；只要一朝能夠放下，當下就圓滿具足，自然圓成了。

　　佛性本來具足！佛陀如此告訴我們。但是多數的人仍然不能肯定、也不敢承當，因此常常著在相上不放。當被執著所困時，就會認為自己很可憐、煩惱很重、智慧很淺，所以一定要用功修行才能夠究竟得成。殊不知，在起心動念間，已背離了我們自己的真心；如果再著這個相去追逐，也只不過是在妄心上起妄，如此就真的成了「『妄妄』仙貝」，永遠找不到我們的真心了。

　　所以，無論是念佛、參禪、誦經、乃至於做任何事情時，都不可以忘記自己的清淨本性與佛是無二無別的。禪宗所謂「直指人心，見性成佛」，也就是指我們現前當下的這個心其實是跟佛一樣的，即使是妄心，也還是與佛無二無別！

　　既然這個妄心實際上與真心並無差別，被稱為「妄心」，也只不過現在多加了一層「妄」所致。就如同

在座的女眾菩薩們，未嫁人時稱作小姐，結婚生子以後人家稱你們為太太，上了年紀的，被人尊稱為阿嬤。不論是阿嬤、太太、還是小姐，名稱雖然不同，實際上還是同一個人。

同樣的，所謂識心其實也是真心，只因一念迷，現在變得會攀緣、會計較、會分別罷了，因此現在被我們稱為妄心。只要藉修行方便，放下內心種種分別計較以及自我執著，不再以自我為中心，然後如實了知諸法實相本來空寂，清淨真心自然現前。

所謂「一念念佛，一念是佛」，因為在那一念，你已經能夠藉著佛號念到見到自性佛現前。若能持續用功，念念都見佛時，當下那個念就是清淨，與佛無二無別了。

🐟 生死根本：六根攀緣分別執著

因此，修行應時時刻刻從自己身口意三業的造作中，反觀或反聞自己清淨的本體是什麼。如果離開了清淨本性向外追逐，不管逐什麼相、依何種法門，永遠不可能找到自己的真心。

例如念佛禪的修行方式，就是藉著一句佛號，持續專心誦念達到身心統一時，用反觀、反聞自性的方

法，去參究眼前能夠念佛的究竟是誰？佛法告訴我們，現前用六根去見聞覺知，有分別、執著、貪念的這個生死人，其實是不生死的。究竟為何是不生不死的呢？所以要參！在參究過程中，見到仍是有生有死，那就不是我們要參究的答案了。

佛陀在《楞嚴經》提到，眾生往往不了解生死及解脫兩種根本。因為不了解六根是生死流轉的根源，所以會依著六根攀緣六境，如眼睛見美色當前就起心動念，貪愛取著，煩惱業障就跟著來了，心也開始分別計較；最後在種種貪念或瞋恚交雜中，隨業生死流轉不已。因此，我們需要藉著修行來放下種種執著貪求，才能發現自己的真心。

但是修行又不能著在相上用功，否則再精進也很難得力。因為你有所厭惡，就有所貪愛，例如厭惡世間或身心種種苦惱，所以發心修行，希望得到清淨解脫。這樣的發心看起來很好，但還是落在分別攀緣中。真正的用功修行，是要我們不要去心外求法，如果逐相而修，不管再怎麼用功都叫做魔業，與魔相應了。

那要如何用功呢？是否要離身心另覓菩提？如果你又落在這，以為離開身心、生活當下，去追逐一個清淨心，或以為別有一個殊勝的法門可求，那又如同

六祖所說，離世覓菩提，猶如覓兔角。因爲，你想離開眼前當下這個身心或生活，另外去追逐一個清淨心，這也是妄心！

解脫根本：稱性起修

要如何能夠不離妄、不逐妄，又不爲妄所拘？剛才我講過，佛在《楞嚴經》告訴我們，眾生不知六根爲生死根本，於中起心動念而有六道輪迴。所以，要離開生死，首先要正確了解六根。佛陀告訴我們，六根也是我們的清淨本心、解脫的根源，我們就要在這老老實實的去悟、去修。

怎麼悟？就是將六根旋轉過來，反轉回來，讓它成爲解脫根本。原來我們的六根常於六境中起種種分別計較，然後生死流轉就隨之而來；現在將它反過來，在根塵對境時，不去追逐世間五欲塵勞、也不起分別心，改以觀照我們自己清淨的本體是什麼。

像在念佛時就認眞的念，然後在淨念中起觀照：「心所念是什麼？」，千萬不要起任何攀緣計較，也不可落在身心相的貪求。有人念佛時，會覺得身心很清涼、安然，心裡的佛菩薩越來越清楚、越來越紮實。這些當然都很好，可是它只是定的過程作用，並沒有

相應到自身真正的慧。也許定中感覺很好，但不再持續用功時，這樣的覺受很快就不見了，因此這個境根本幫不了真正的大忙。所以我們用功的時候，不應停留在這個境界中，而應稱性起修。

稱性起修就是緣著自己的真心來念佛，念時不要有分別，只知道自己清楚嘴在念，心、耳朵都聽得分明，過程中也能真實感受身心的轉變，例如自己的妄想、昏沉、雜念，甚至所謂妄心、剛強的心等等，都藉著一句佛號聲集中、柔軟了。

這些轉變你都清楚，可是不要去攀緣、執著，繼續只是用我們的心——這時是一種沒有分別狀況的心——來反觀：我自己的真心究竟在哪裡？佛說我們具足像他一樣的智慧妙心，究竟在哪裡？既然這妙心是圓滿具足常樂我淨，以及種種的妙功德、妙智慧，為什麼自己體驗不到？這就叫反聞自性。此時，放下了一切妄緣、執著與分別，直緣自己清淨的心來參悟它。

如果我們不能在自己清淨的心地上去下手，而是藉著其他法門，從相上一點一點來去除種種妄想、分別、執著，當然也可以漸次見到自己的本性，只是這種用功方法不僅耗時，而且在過程中容易迷失方向。

希望大家修行時要掌握住真正的用功心法，就是

從你的清淨心起一念，直觀一切諸法的究竟實相。就如《心經》裡面提到，觀自在菩薩爲何能夠觀自在，因爲他能夠稱性起修行。

所謂「行深般若波羅蜜」，就是用智慧——例如我們念佛時，放下一切執著，不起分別，老老實實的稱念佛號，這就叫做「行深般若波羅蜜」。然後心念不起分別當下，進一步去觀照諸法實相本自空寂、本自如如、本不生滅；能夠知道一切諸法當下不離我們的身口意，不離我們眼、耳、鼻、舌、身、意六根，能夠如實了知本不生滅的眞心，即「照見五蘊皆空」。

經典處處顯示殊勝法門，只要能夠眞正依教奉行，就可讓我們的修行快速得力。

不離清淨心念佛

大勢至菩薩教我們念佛時應「都攝六根，淨念相繼」。所謂淨念相繼，就是你每一念每一念都只有這個佛號。當然你很用功認眞修行的時候，清楚身心的轉變，但不執著、也不要只停留在這裡。就像大勢至菩薩所說，若能如此憶佛、念佛，則當來必定見佛。所謂憶佛，就是時時刻刻與你清淨的心相應；而念佛，就是時時刻刻能夠從你的清淨心流露出眞實清淨的觀

照作用。

　　念佛的「念」是指身口意的妙用，念時要都攝六根，從憶佛、念佛下手，亦即不離開清淨心，透過清淨心化成身口意，在生活中產生種種妙用。當我們專一念佛時，能夠暫伏識心的分別，而與阿賴耶識的清淨相相應，此時本體的清淨光明諸妙用，可以經由我們見聞覺知展現。

　　這是因為識心暫時停止作用，當根塵相觸時，因無識心的分別，故能打破物我的藩籬，消融自我中心，使得內外統一、身心一如，而放下生命的長期負擔，眼前山河大地頓現，因此感覺自己的身心乃至外境都無比親近。如此身口意都沒有離開佛法大用下的念佛，才是真正的念佛。

　　所以只要心不離此法門，時時刻刻不離清淨心而繫念一法，專注用功在當下，處事待人時都不可稍離，久而久之，工夫自然純熟，不管念佛、拜佛、打坐或誦經，心都能止於一處，自然由定中生妙智。如此定慧均一，生活自然可以做到隨緣不變，不變隨緣，這樣的用功才是實修。

　　其實不只念佛，一切法門的修持都不可離開上述說明。

直心是道場

　　在座很多人每天都會念誦經典，我也曾教導你們憶佛念佛的方法，大家也花了很多時間在念佛或參禪，十幾年過去，什麼體驗都沒有，連念佛的好處也不知道。這要怪誰？怪佛為什麼將法弄得這麼難嗎？

　　其實佛陀的法門不難，是我們自己的心把它複雜化了。所謂直心是道場，念佛就要用直心，也就是專心一意的念。但你們在念佛時就去想：「什麼時候我可以消業障？阿彌陀佛什麼時候會來灌頂我、什麼時候會來接引我？什麼時候可以見到西方極樂世界？我會不會去西方？……」

　　如果你在用功的時候還有這樣的念頭，就叫做妄念、生死心。妄念、生死心起來就代表你的工夫沒有了。以生滅心來用功，就會落入相上的攀緣，有相修是很苦的，而且你心越妄、越求感應，越無法與無相相應。

　　所以大家要把自己的身心真正用在道業上，不要再攀緣分別，只要等你真正放下這一切時，所有原來求不得苦的，反而會自然具足。譬如＜普門品＞中提到，只要有人稱念觀世音菩薩聖號，他就會尋聲救苦。為什麼？其實是因為我們自心轉變以後，自然就具足

這份力量、以及福報和智慧，因此遇到一切災難，如八橫九難時，就會化為烏有，而且自然你求男得男、求女得女，甚至求官位得官位。

像家師初到台灣時什麼都沒有，甚至在軍中因為物資缺乏，大部分只穿短褲。他越是無所求，反而現在什麼都有了——建設法鼓山，弘揚漢傳佛教，弟子遍及東西方。你看他老人家走的時候有多少人傷心，送去荼毘時，看到那些沿路跪拜的人，就是王永慶甚至老蔣過世時都沒有這麼風光。你們想一想，如果他老人家只要有一絲絲為自己而求，能不能有如此成就？

所以，大家如果擔心求不到想要的名利等等，或者覺得自己業障深、身體多病痛，苦啊苦不完‥，其實，只要你們努力用功，待業緣轉時，一切自然具足，就如人人本來具足像如來的智慧德性；而且，這個苦最後也變成極樂，因為極樂世界其實不待阿彌陀佛來莊嚴，而是我們本來有的，只是大家未發覺。

這一段話非常非常重要，希望你們在禪期中就要用這種心態來念佛，也就是真正的發起菩提心，發起大願，然後以真心為所緣去起般若妙用，這樣在短時間內可以真正體驗到修行的妙處。

念佛禪的方法

修行真正的目的，只是為了放下我們的分別心而已。

以不生滅的真心來用功

　　再次強調，修行要以不生滅的真心來用功！這一點非常重要。什麼是不生滅的心？就是起一個念時，這個念是放下所有種種因緣，遠離一切分別、執著、計較，然後從不生滅的實相上去努力。

　　例如念佛時，你就起一念真心，不落在分別對待，老實的形之於口、流露於心，念得清楚、聽得分明。任何時刻，六根都不對外攀緣，所有境界，不論眼見耳聞、乃至於內心起起落落的法塵都不去攀緣分別，任它起、任它滅，只是起滅間了了清楚，不隨之起心動念。

　　何謂起心動念？比如有人修行，一發覺六根被境轉了，通常都會起一念後悔心，甚至給自己一個警惕或批評：「唉～我怎麼又掉進那裡～」這就是起心動念。平時這樣一念心對修行是有所助益，它會幫助我們起一種覺照的力量，不過真正精進用功時，後悔反而會耽誤你當下用功的這顆心。

　　所以，只要一發覺自己起心動念了，應該馬上回到話頭或佛號上，老老實實繼續念下去，這才是真正的正念，也才叫做淨念。不要以為是刻意遠離錯誤或不好的念頭，才是正念或淨念，而落在計較分別面，那就不是直心了。

　　我曾告訴你們，修行一定要稱性起修，以自己不生滅的真心來用功；如果心有所取捨、對待、分別、或好壞是非等，都叫做識心、妄心。我們常常以第六意識當作我們的真心，第六識會把眼前所見聞的一切當成真實存在，認為外面的山河大地是實有的、對內的四大五蘊也是實有的，這就是生死心、識心。

　　我們修行時，一定要緣在真心上來用功，不可在識心上妄用工夫。所謂真心，也不是有別於妄心而另外存在，它其實就是我們的識心；於理體空性上，二者無所差別，而宛然有的種種業用功能有所不同。

　　因此，只要識心不落在意識分別上，遠離一切執著、計較、攀緣等，當下起一個不分別的念，然後如實的用功，即能體證識心即是真心。比如念佛時就老老實實的念，這就叫做真心起用，也叫做稱性起修，如此的修行方式才能相應到真實的法。

🍃 虛空本無花

　　大家要了解，我們每一個人本來都具足清淨智慧妙德相，即使你現在是一個業障再深、煩惱再重的凡夫，還是一樣跟佛無二無別。既然本來如如，所謂的修行只是讓我們放下執著、分別而已。只要我們能夠

放下種種分別、執著、計較，當下就圓滿具足！

　　所以你不要認為自己欠缺了什麼，因此一定要刻意去追逐，佛性才會具足，就好像米糧錢財一般，需要認真去賺取才能獲得。也不要認為我們現在就像髒衣服、或染垢的鏡子一樣，需要認真清洗或時時勤拂拭，衣服才會乾淨、鏡子才會發亮。這樣的想法其實都是落在凡夫位、落在識心分別上看待真正的實相。

　　真正的實相大法，是本來清淨，本來具足，不會因為我們是凡夫就有所缺少，也不因為現在一念在迷，需要去反轉它或去除這個迷，才能顯出「真」來。這兩種想法都是錯誤的！

　　經典告訴我們，虛空本來沒有花，只因為自己一念迷，妄認為空中花是實有的。就像有些人因為有眼病，眼睛一張開看見空中一條一條的黑影，就認為這些如飛蚊般的黑影是真實存在的。

　　我問大家，虛空中有沒有花？眼中有沒有蚊子？沒有。同樣的，我們的清淨本心、乃至諸法實相，本來就沒有生死及煩惱；我們所認為的生死煩惱，就如同空花、飛蚊，本來都不存在。所以千萬不要以為有煩惱可斷、有生死可了，甚至想藉此求得不生不滅的真心。這種作法就如同看到虛空有很多蚊子，你就用

力去驅趕它，想恢復本然清淨的虛空一樣。你們想，這種人是不是就像呆子？

其次，也不可以落在相上妄生心念，以為既然煩惱有生時、也有滅時，那應該也有個生滅處吧，因此進一步想去探究煩惱的實相為何？認為煩惱的實相是從哪生起、滅掉的？這種作法就好像眼病好了、飛蚊不見了以後，又認為飛蚊有個實際的來去處，而想再去探究它。

以上兩種說法不太一樣。第一個是說我們清淨的本體本來就清淨，圓滿具足，根本不受任何煩惱、生死造作所染污。第二個，也不要以為要斷煩惱才可以證菩提、去掉染污才能見到清淨的本體，就好像見到空中飛蚊有生滅，就認為要去除這個飛蚊以後才可以使虛空再度清淨，落在這就不正確了。

我們念佛時一定要具足這兩個觀念，首先要深信自己本來與佛無二無別，根本不會受生死煩惱所染污，現在也不需刻意去染還淨，才能證得菩提。所以，修行只是讓我們的心放下一切分別、執著、計較而已。

就像南嶽懷讓的師父六祖慧能問他，修行有次第、聖凡否？他說，沒有次第，也沒有所謂聖不聖；因為本來心性是染污即不得、修證即不無。

　　染污即不得，就是指我們本體是清淨的，不會因
為我們現在是凡夫、處在煩惱之中，就會受到污染或
有所欠缺。修證即不無，就是說我們雖然與佛無二無
別，可是還是落在分別計較中，因此需要藉著種種修
行法門，讓真心實相妙智顯露出來；但因為我們本來
就具足，所以修行真正的目的，就只是為了放下我們
的分別心而已。

放下萬緣，制心一處

　　既然修行是為了使我們放下執著，只要大家秉著
正確初發心，老老實實的用功，必定可以在很短的期
間有所成就。

　　什麼才是老老實實的修行？就是念佛的時候，要
實實在在、專心一意的念，妄念來了不管它，還是一
句阿彌陀佛，久而久之，這佛號就會在你的身心產生
真實的變化。如果你沒有發覺或感受到身心的變化，
就代表自己的工夫還不夠綿密、用心還不夠細緻；因
此在用功時，你必須真正融入所修習的法門中，將身
心與法門打成一片，如此的工夫才是真正的落實。

　　怎樣才是法門與身心融成一片？例如念佛時念到
不必刻意起念，佛號也不會離我們身心，念到佛號如

影隨形跟著你，丟也丟不掉、放也放不了，如此很自然用得上力，此時，除念佛的心是清楚明白外，其他妄想雜念都不起，縱然生起，也是一閃而過，產生不了真正作用或障礙，這就是達到法門與身心融成一片的階段。不過，這樣的境界也只是我們發心有功用行，到達制心一處的起頭工夫而已。

　　如果你們連這樣攝心一處的工夫都未達到、也不曾感受到所謂定的身心體驗，那麼無論用任何法門來修行，頂多偶而感受到佛菩薩的慈悲、或身心的安定罷了。

　　修行如果不能真正深入一個法門，每次用功都虛虛晃晃的，念頭總是起起伏伏、散散亂亂的，那你絕對不可能從這個法門中獲得利益，更別說跟自己的真心相應。其實，不管在哪一方面，甚至僅僅是用在五欲塵勞的追逐，以這樣的散亂心，也都很難有所成就的。

　　很多人將修行與生活分開，認為只有在殿堂上參禪、打坐、誦經、念佛、拜佛才叫做用功，出了殿堂心馬上離開方法，隨境逐流去了。所以在殿堂時可能很精進，可是一下坐去喝水洗手或吃飯時，心就離開方法，隨五欲塵境而轉，然後自我的身心相就顯露出

來，例如吃飯時就會分別飯菜好不好吃，到了戶外又隨著氣候起心動念，覺得天氣太熱、修行好辛苦……。

　　像這樣子只用少部分的時間來打坐用功，其他時間心都掉在分別知見中，那永遠只能做個凡夫，隨生死流轉了。修行就是要逆流，逆這個生死流而轉爲還滅的法流。要怎麼轉呢？其實很簡單，只要放下萬緣、放下所有分別知見，一心一意做當前應做、該做的事就好了。

　　所以大家要記住，無論用哪一種法門，都要專心一意，鍥而不捨，老實誠懇一直努力下去，不僅在殿堂上如此，更重要的是，延展到日常生活去運用它，從歷事對人中去訓練我們的心，讓它隨時隨地都可提起一個正念，安住在方法上，不對境起分別。

　　對境不分別，其實對所有的境界還是了然明白，知道自己在用方法，也知道自己身心的感受、及外面境界對身心的影響，只是沒有掉入分別執著相而已。例如吃飯時就專心吃飯，清清楚楚的知道自己在吃飯，每一口吃進去也知道它的味道，並不是好壞香臭都不分別、什麼都不知道而變成呆瓜一個。

　　精進佛七或禪七，就是要藉著共修的力量，大家互相鞭策勉勵，使得彼此能夠發起精進心，放下自己

原來放逸懈怠的習氣，在老實專一的用功下，達到放下萬緣、制心一處的目的。

母子相憶，專憶專忘，憶忘一如

〈大勢至圓通章〉說，只要我們能夠「都攝六根」，將眼、耳、鼻、舌、身、意六根真正統攝起來，不對外攀緣，不要落在分別計較面，當下覺照清楚，自然就能達到「淨念相繼」。

例如念佛法門，首先就是用「都攝六根」讓它們不要對外攀緣，而且念的時候要「如母（阿彌陀佛）憶子（眾生）」、「如子憶母」一般。眾生應該常常憶念著佛的慈悲，憶念他就像母親一樣恆常關懷著大家，願每一個人都能離苦得樂。同時，我們也不可以因為貪念五欲塵勞，因而捨父母逃跑，隨生死流轉去了，如此就沒有如子憶母了。

如何能做到「如子憶母」？有人比喻牧心要像牧牛一樣，一發現牛跑了，就要馬上把它牽回來，因此，要常常觀照自己的清淨心，發覺一念涉及人我是非時，馬上要警覺：本來無一物，何處惹塵埃。如果你能夠時時如此用功都攝六根，念念不離開自己清淨心，那就可以與阿彌陀佛時時相應；如果剎那背離了而掉落

在五欲塵勞上，就沒有母子相憶了。

這個子憶母、母憶子，不只是佛菩薩的悲願力，最主要是指我們自己的心，當前起心動念的這一念，就是指後得智，也就是我們行深般若、起觀照的始發心，能不能常與自己的本覺本智相應。當心與境相接觸時，不可離開後得智的覺照，照後必須與本覺本智相符合。能做到無智亦無得，方名菩提薩埵，如此才是稱性起修，全修全性。

因此，念佛時必須不離真心，才是念佛的正確方法。如果心恆常與真心相應，縱然煩惱起來，也會倏起倏滅，因為知道諸法本來空寂不究竟。

因此，假使大家要以最短時間得到修行的真正實益，便要如《阿彌陀經》提到，一心一意的念佛，若一日、若二日、乃至七日，就能達到正念相繼，一心不亂，甚至成就念佛三昧，屆時自然花開見佛，便可了知原來經典所描寫種種世界莊嚴，不過是我們的清淨本心流露出的妙功德、妙境界罷了。

我們的清淨本體其實就具足常樂我淨等種種妙境界，所謂「常」即是無量光、無量壽；「樂」者，極樂也；「我」則是指真正自在解脫；「淨」表示本來世界是沒有坑洞、污穢等東西。

　　所以念佛法門根本不難，是我們把它複雜化了。
只要工夫深，鐵杵也能磨成繡花針！

🐟 恆常努力用功

　　修行沒有什麼善巧方法，要想永遠去除習性，就
必須恆常不斷地努力，在一個法門上老實本分去用功。
無論行住坐臥、乃至吃飯睡覺，都要將心時時安住在
方法上，不要讓方法離開身心，否則殿堂精進的工夫
就成泡影了。

　　佛陀告訴我們，唯有真正用功，才能讓我們解脫
五欲束縛、才能真正體驗到自己清淨本心的妙德妙用。
歷代祖師大德們，也是以他們全部的生命走過這條修
行路。見聞了這麼多的模範，為什麼我們不能起而效
法呢？

　　如果你們覺得祖師們乃至佛菩薩離現在太遠了，
大家無法真切地感受到，那麼家師呢？他一生努力，
他的成就大家都看得到。他並沒比我們多一隻眼或多
一個腦袋，可是因為修行，讓他平凡的生命有了不平
凡的體驗；這經驗不僅自己可以受益，也使得國內外
很多人蒙受其益。

　　而所謂的不平凡的體驗，其實也是人人本來具足，

一點也沒有欠缺，只是因為我們貪戀自己生命，拋不開自我執著，所以只能在煩惱中掙扎。

希望在座法師、菩薩們要有信心，要深信既然諸佛菩薩、歷代祖師、乃至家師都可以藉著修行走出不同的生命，我們也一定可以做得到！大家千萬不要辜負自己，要相信佛陀告訴我們的，也要相信祖師大德們，他們自我人格的完成、智慧的顯現、悲願的成就，都是來自於腳踏實地的用功。只要我們跟著做，不離開清淨心，真正老實的念佛，一日用功有一日的成就，一朝抖落了無始的我執、我慢、我愛、我見，全體妙用自然就會顯露出來了。

有人會懷疑什麼是自己清淨的本心？什麼是我真正的佛性？在哪裡？為什麼現在自己體驗不到它？

其實不用擔心，只要繼續用功，當你的心能夠放下一切執著分別時，自然就會體驗到了。就像婦女生小孩一樣，經過十月懷胎，瓜熟蒂自落，小孩自然就生出來了。同樣的，大家老實本分的一句阿彌陀佛一直念下去，念到離開一切分別計較，當下自然花開見佛。

默照與話頭，歸元無二路

念佛時，要你們去參「念佛是誰？」，不是把它當作一個實有的法去體悟，因為所謂參究也是以幻制幻，是從聞思修——也就是從觀音的耳根圓通法門下手。因為當我們的心全體妙用不能顯現，只好藉妄來制妄。所以，只要你們不分別，老老實實去用功，最後全體妙用就會顯現出來，這就是家師所說的默照禪。

默照的功能是專心打坐，一心一意的坐到心不起種種分別計較時，身心會落在某種定中，此時，除了定之外，還有智的一種妙用，連這個也要捨掉，捨了又捨，捨到無可捨處，生命的實相就會顯露出來。

默照的方法不是真正去參究，它只是告訴我們，身心的全體就是一種清淨心的妙用。只是很多人使用默照禪時，默到最後會落在定相上、落在身心相上的覺受，或者落在捨妄顯真時那個「真」的作用上，這其實也是一種智的受用，如果掉落在這，也不是真正的全體妙用。

所以修行一定要有方法次第，否則就是盲修瞎練。比如我們沒辦法從全妄即真上面下手，或者無法將真、妄頓放時，只好藉妄來制妄，捨識用根，從次第的幻聞、幻修上來用功。

　　這樣的用功方法是屬於二十五種圓通法門，所謂以幻制幻，或《圓覺經》所說知幻離幻的方法，也可以讓我們很快見到自己清淨心，如觀音菩薩的耳根圓通法門、或禪宗用話頭就是如此。

　　因為你沒有辦法當下體會到本然具足清淨本體、也無法去受用它，所以需要藉種種方便善巧——如聞思修漸次用功的過程，圓滿自己的定慧力，一步步的成就五十二個階位。所以，雖然修行有各種善巧方便，但是歸元是無二路的。

　　希望大家記住，不管你是念佛、拜佛、打坐、參禪、乃至於誦經，一定不可以著相修、逐相修，否則只會越修越糊塗；即使有些身心上的覺受體驗，如果不能夠放下它，反而會導致魔的入侵！

深切的叮嚀：
修行重在真實的知、踏實的行

依真心修行

任何修行都必須先發菩提心──即以眞心、清淨心作爲我們修行的因地心,這個因地心也就是我們成佛的正因!不要用我們平常的妄想、執著、分別的意識心作爲發心,假使以意識心去修行,就會落在分別對待中用功。修行如果不能遠離計較分別,所有的努力反而會成爲障礙。

所以,無論是參禪、念佛或其他修行法門,我們都必須遠離一切妄想、分別、執著,而以眞心(即菩提心、或清淨心)作爲自己的初發心!若以妄心作爲初發心來用功,就如同煮沙不能成飯一般,修行終不可能有所成就。

我們若執著有一個身心相(身心見)可得,乃至有眞實的山河大地堅固相(器世間見)可攀緣,這個心就是意識心,也叫做妄心、生滅心。

誠如佛陀在《楞嚴經》告訴我們:眾生通常落在兩種見,一者執取身心爲眞實的見解,再者認爲器世間亦爲實有的見解。平時我們可能還能感受到自己的身心以及器世間,殊不知這四大皆爲假有,在我們死後就會成空了,但因命根、身見尚在,現在什麼都不空,因此心裡仍執著一切都是實有──心是實有、我

也是真實，然後從中造種種業，永不能醒。這正是一切苦不斷、生死繼續流轉的真正原因。

眾生常執持這兩種錯誤的見解，而不能去消融它、放下它，在這種錯誤的認知上面去起修，終將沒在生死中流轉罷了。

因而要認知什麼是真心。真心就是當我們遠離一切的妄想、分別、執著的狀態，然後依此狀態發心去用功，那個所發的心就是真心。我們應該以這樣的真心（即清淨心）去用功，才能滅苦離苦。

觀照五蘊皆空

要以真實的智慧觀照四大和合，身體乃眾緣和合，並沒有一個實際不滅的東西，只因心起妄想而認其為實有，尤其我們的第七識，恒審思量第八識的相分或見分，將它當作生命的實體，有了延續不絕的命根存在，就執著它，捨不得放掉，任何時候都認為有個真實的我，於是一切修行也都落在這個我相去用功，因此很難突破。

很多人久修不能得力，就是因為沒有智慧去體驗根身及器世間當下都是如幻假有。《心經》也告訴我們：「觀自在菩薩，行深般若波羅蜜多時，照見五蘊皆空，

度一切苦厄。」要解脫、要離苦了生死，就是要照見五蘊皆空。

　　什麼是五蘊？就是我們的身心、就是這個山河大地。從文字可稍微領略一點，但因為沒有真正的修行力量、沒有定慧力的覺照，所以無法照見身心及山河大地的實相是空寂的。

從生命實踐佛法

　　定慧力的成就，必須仰助於種種修行的法門，所謂參禪、拜佛、念佛、看經、念咒等，都是讓我們身心達到定慧力莊嚴。而且很重要的是，在修習過程中須隨時依經教解說、或善知識的指導，才知道怎麼去用功，否則很多人因知見不正確，誤以識心或妄心作為自己修行的第一因，或不能如實觀照身心山河大地為幻有，迷在相上去用功，甚至不能肯定自己本身具有佛性，而心外求法，企圖去積累功德、除穢取淨、或捨惑證真。這些都是錯誤的！

　　修行如果一開始就走錯方向而不自知，就如同要去台北卻往南行，如此永遠不可能到達。

　　修行一定要有真實的知、踏實的行！否則在修行過程中，只要有一個錯誤，就會與修行背道而行，流

於背覺合塵，遠離了真正的覺悟與真實的清淨，那就會著在五欲塵勞、著在自己的妄心流轉裡，不管如何修都很難獲得利益。

佛法難聞今已聞，人身難得今已得，大家一定要勉勵自己，生命其實另有一番的真實受用，不是處於現在這種小我的範限中，跳脫不出名利或是瞋愛的牽絆。

生命是真正圓滿解脫自在的！如果能夠真正突破身心的局限，不僅可以體會到自己的生命是無窮盡的，而且與諸佛菩薩連結在一起，無盡的悲願力自然流露出來，此時的身心上與諸佛菩薩的悲智相應、下與六道眾生同一悲仰，有感於諸佛如來的恩德，進而生起一分不忍聖教衰的悲願大智及大承擔力。

生命如果能夠達到這樣的境地，即使尚未得到究竟的解脫與圓滿，只須靜待時節因緣的努力而已，因為你已經和自己的妙明覺性、清淨本心相應了，就藉著生活種種事物的磨練，使自己的本智在應事待人處物中，更趨圓滿莊嚴。

佛法是要用你全部生命去貫徹、實踐它，然後成為自己身心的妙用，這才是真正的佛法！它不是讓你們拿來研讀而已，聽聞以後要落實在修行上，然後努力用功，朝向圓滿解脫的目標。

〔輯二〕

達摩祖師的二入四行
——覓一個「不受惑的人」來教導。

　　禪宗初祖達摩祖師來中國傳心法時，曾說要「覓一個不受惑的人」來教導。所謂不受惑，就是指不要將自己的妄心當成眞心來發心修行，也不要把經典義理的說法當作實際修證，不要心外求佛。

　　達摩祖師的「二入四行」中，開示眞正的修行法門，對任何修行人都是一個最好的指導。所謂「二入」，第一個是理入，第二個是行入。

　　第一個理入，說明如何直緣諸法實相而親證心性本自圓明、本自清淨。第二個行入分四項——報怨行，隨緣行，無所求行，稱法行。行入是在生活中眞切地落實，把對理入的了解化爲生活，實際的在自己生命中去體驗。所以二入四行的修行不僅可將眞理化成生命的智慧去實踐，同時也要藉由智慧眞正照見眞理的圓滿。

理入

本自具足，不假外求

　　理入告訴我們，修行最首要的是深信一切含靈皆具如來智慧德相，也就是必須確信一切眾生的本來清淨理體、智慧與佛無二無別。只是眾生現在一念迷，

因此在應事對人時都落在妄心相上，故須藉教悟宗，以顯露本來的眞心。

就理而言，我們清淨的理體與佛無二無別，既然心性本自圓成、本自清淨，所以不可被染污，但因現在我們有種種身心煩惱、業障、顛倒，所以仍藉假修眞。而清淨心性本自圓成、本自如如，修只是修本有的東西，並非心外求法、對外攀緣，而是藉著修習去放下我們的妄想與執著。

因此，眞要修嗎？就如同虛空一般，如何去修？我們的清淨心也是如此，心本圓滿，沒有欠缺，何須去修它？

有沒有可證的呢？本自如如，又何須證它？所謂有證就有得，有得就有失；沒有的才想去得，若是本有的何須說得？而這種想證、想得的心也是生滅心。心本自具足，如同自己本有的東西，像口袋的錢本是我的，何須再問人我可不可以去用它？

所以，從理入知道一切德相本自具足，不假外求，而妄想的有則是幻有；既是幻有，就有其因緣和合時的業相，有業相就有苦樂禍福的果報，所以仍應去修，但雖修、卻也無可修。所以念佛想成佛就是妄想，因爲本來就是佛，只要把妄念丟下，當下就是佛。因爲

放不下，所以是凡夫，因此放下就是修行，修行就是放下，放下即是證取菩提、成就佛道。

🍃 藉教悟宗，依善知識指導

理入雖告訴我們，修行首先要深信一切含靈皆具如來德相，但因妄想執著不能證得，所以我們必須藉教悟宗，藉佛陀經教義理來作為指導。對佛陀所說的實相自己未曾體驗，若用我們的識心去解釋就會成了妄相，可能自覺很妙的東西，卻與實相差了一大截。而且，如果以我們的妄心去解讀經教再去用功，那更會出問題，所謂「依經解義，三世佛冤。離經一句，即同魔說。」即是此義。

如同我們玉佛寺的地址雖是民享街尾端，卻未與前端房舍接續在一起，若有人只是按照地址來找，絕對找不到，雖然有文字指示，也只能得到一個大方向，仍然很難找到。

經典教理內容也一樣，經教為諸佛菩薩、祖師們親證的內涵，我們沒有修證到一定程度，所以看了文字，也只能依自己的識心來分別、詮釋它。像在中國覺得皮膚白就是漂亮好看，但對外國人而言，卻覺得臉色蒼白是不健康，所以同一相、同一境，若用不同

的識心與不同的價值觀做判斷，最後詮釋出來的結果就會不同。

　　所以修行時仍須憑藉教典的說法，但切記不可掉入文字表面的義理上，而且必須藉由善知識大德的說明教導，從實際義理上去了解。也許最初聽聞善知識所教時也不甚清楚，但藉由不斷的薰習與每次的生命歷練，跟經典所教的實際義就會更相應一點。尤其當我們真正落實在修行上的時候，身心的定慧力就會漸漸成熟、充滿，等到因緣具足時，自心的光明與自在清淨的本體便會真正顯露出來。

　　對於祖師大德教導的實相義，雖然我們尚未親證，卻可以從對實相的了知來幫助自身的修證。而在知道如何達到佛境界的修行方法後，就必須按步就班地去用功實踐，因為佛所證的德智，原本我們也具足，只是現在無法全體明白的去運用它。只要心遠離分別，實相自會顯現。

　　不用擔心什麼是實相，只要問自己是否落實修行。當定慧力莊嚴時，所有妄想、分別、執著放下，清淨心自會顯露。

　　所以，一切的指導說明都是為了通向定慧力的圓滿。離開定慧力的圓滿，我們的修行永遠是盲修瞎練，

這就是為什麼我們要念佛參禪的原因。

🍃 祖師禪是定慧一體的用功

我所指導的念佛參禪法門與一般不一樣。我一再告訴大家,念佛應從清淨心起念,念的這個佛是無可念的佛,不要起貪心、妄想、分別,只要虔誠專一的念,身心自有轉變。假如有見到佛莊嚴相好、或發生身心更加輕安自在等覺受,種種這些在修習的過程中都會得到,但應該要知道這只是因定所生成的覺受,不要去理它,只知道有這樣的過程,然後一直用功下去就好了。

所以當大家在念佛時停下來,法師逼拶「念佛的是誰?」,在這一喝中,是要叫你一念識心不起,這時要馬上追究:真正念佛的是誰?所念的佛是什麼?不是要你去思惟,而是要頓時放下自己諸多的分別妄想、推理的心,當下以沒分別的心去體驗它到底是什麼!

既然佛說我們本自具足,為何我們不知道?所謂真心是不生不滅的心,而我的心卻是生生滅滅的,要怎樣才能達到不生不滅?這些都要自己去體驗,而且絕不能以識心去思索探究,掉在思索中的念頭就已落入生滅相。

　　如何能達到不生不滅的體驗？當具足定或慧兩種力量時自會體驗到。例如不起一念時，就會發覺實相果然只是一相，所以在定中可以體驗到什麼是遠離生滅的樣貌。

　　如何由慧去體驗呢？即知一切諸法當下緣起、當下空寂，雖有也只是如幻假有，所以不會去追逐心所造作的是真實或不真實。因知諸法緣起空，所以不會執著有一個實有，雖空，也不會落入斷滅，因知種種皆是如幻假有、因緣和合。所以經慧力一觀照，即可遠離自己的妄想顛倒。

　　定、慧二力皆可使我們見到心體的實相，而念佛又如何可讓我們具足定慧力？首先必須專心一意的念，心無第二念的念，如此則心可達到統一。心統一後，會覺得諸法遠離一切的生滅變動，即恆常，但這個恆常也只是定的感覺，離開定，統一相就沒有了。所以，如果沒有具足真正的慧，再怎麼用功修行，即使達到身心輕安自在或統一相，當定功一退失，同樣會被境轉。

　　所謂祖師禪的用功，就是定慧一體的修行方式，即定即慧，即慧即定；而不是將定慧分兩種，先定後慧、或先慧後定。如果將定慧分成兩種，這樣的修行方式

就不對。

　　我所指導的念佛禪修行，也是要大家時時起觀照慧，以念佛的方式統攝身心，使我們的身心達到不要對境起攀緣分別。當一念清淨心生起時，當下便無所攀緣，沒有能攀的心、也沒有所攀的境，直緣諸法實相，如此持續精進努力，當下定慧即具足。

　　依此說明的方式用功時，於內，心不對法塵影像生滅追逐，外不對境界起攀緣，如此心當然能統一。即內見自己不生不滅、不動的實相，外見諸法緣生緣滅，當體即空。這種內有定、外也有定，內有慧、外也有慧，才是真正定慧不二，並非是打坐念佛身心安定後才生起慧，如此就變成定、慧兩種不同。

　　只要我們的心達到定慧力量充實，所有塵埃煩惱當下即能放下；一放下，清淨本心自現。

修行首先要有正知見

　　很多人用功會落在相上去計較身心有何轉變，會想該如何用功、用功後又該得到什麼。例如會去計較每天應念多少佛、拜多少佛，可增長多少福報，然後在最後臨終時心可以不顛倒，往生淨土。我們應該知道，這些都是次第方便的用功方式，非直緣真心；而

我們念佛應以眞心作爲我們的發心起點，稱性起用，不掉落在自己的身心相上。

　　所謂直緣眞心，是凡所有相皆知虛妄，知一切諸法當體空寂；因空寂故，一切圓成。因此大家不要著相而生心，因爲知道五蘊、生命實相本來空寂，既然空寂，我們用功時就要把空寂變成生命眞實的體驗。

　　大家應建立這種理入的正知見，如未建立這種堅實正知見就起修，那就叫盲修瞎練。而且越修，定的成就越大，妄想就越大越可怕。因爲從修行中，六根、五蘊會隨定力的清淨莊嚴可達到六根互用、六根清淨；然而，若識心未斷盡，六根清淨時，剛好是魔出現之時。

　　所以爲什麼用功時要依教來悟宗，因爲理入給修行者很正確的指導，知道什麼是修行眞正的要旨，知道應反觀自己清淨本心去修，這樣任何的修行便不會落在著相、不會落在生滅、不會落在身心相上去用功。

　　希望大家修行時首先要有正知見，以正知見去用功就沒問題，而達摩祖師所教的，正是我們修行的最佳指導，如果大家能掌握住二入四行，修行自不會有偏差。

　　從後代祖師的棒喝逼拶中，雖可讓我們直接反聞自性清淨本心，但根器不深者，多半只落入身心相或自己的覺受中，最後以自己身心妄覺當成見性、當作證悟，實際上卻是對經教不明。

　　其實早期禪宗大師多通經教，六祖慧能雖不識字，卻也是藉教來演繹，如佛三身、無相頌等等，都是從經教演繹出來的。只是到宋明後期，出家人多為窮苦人家，未受過教育，只會耕田或早晚課誦，其他都不會，也未深入經教，所以後期多成為以盲導盲，也導致後人越來越遠離佛教，所以禪宗到明清會衰落不是沒有原因的。但是今日的佛教不同，出家人除了清楚經教、踏實修行外，連在家居士素質也提高了。

　　所以，所有修行不可自己杜撰，而應藉教來悟宗，例如這幾次我所教授的內容都是由《楞伽經》或《圓覺經》中演繹出來，相信對大家的修行應有很大助益。

頭怎麼不見了？

　　前面提到，理入是深信一切含靈本具足如來的智慧德相，但因為妄想執著，所以無法見到自己的妙覺功德、也不能去妙用這些本具的智慧與慈悲。也就是說，我們要深信這個理，此理經由佛陀親口宣說，也

是他證悟時所發現的眞相。

　　這裡也告訴我們，衆生目前雖然在迷、也正處於生死之中，但不要因爲個人的煩惱重、業障深、福報淺，沒有時間修行、或是不會修行，就妄自菲薄，認爲自己無法成就佛果。

　　我們必須了解，如同煮飯一定得用米的道理一樣，假如拿沙來蒸煮，永遠不可能煮出飯來；也正因我們跟佛無二無別，才能成就無上佛果。再說，這個佛果衆生本自具足，非由修證得到，只要我們放下自我身心的執著、分別、貪戀、妄想，自然圓成。

　　修行的可貴，就在於它能夠幫我們放下身心種種的執著、妄想。只要我們能一念放下無明的顛倒執著，就如同經典所說，「狂心自歇，歇即菩提」，只要發狂的妄想心停止下來，當下菩提就圓滿。

　　如經典比喻，有一位叫演若達多的年輕人，因爲從鏡中、水影中見到自己美麗的容貌，但沒有明鏡、水影則見不到，妄以爲自己無頭所以才不見其美麗的容貌，於是發狂的四處找頭。大家見了發笑，明明頭一直在年輕人的脖子上，從來沒失掉過，怎麼會不見？

　　這個比喻其實是告訴我們，每個人脖子上原本都

有顆頭，頭上也有個可愛漂亮的面貌，可是因為我們沒見著它、也不知道有受用到，因而以為自己的頭掉了，直到見到鏡中頸上這個頭居然有著可愛的面貌時，才明白我們真有頭存在；當平時不覺得有受用到它時，就以為自己頭不見，於是發狂四處尋找。

這就好比我們本來具有如佛一樣的智慧，在平常日用間，身心也展現了如來的全體大用，只是我們往往將自己的真心掩蓋住了，然後用自己的妄心——也就是將第六意識的分別心——當作真心，因此無法真正清楚的明白真心。

其實，第六識的分別心只是一種會攀緣、計較、分別的意識，它以為眼前所見的境界是實有的，於是誤將自己這四大和合的色身當作「我」的真身，而將這個能思量、分別、攀緣、計較的心當成「我」的心，因此就認為身心及山河大地有真實存在的相。殊不知第六識這個妄知的心也是由第七意識而來，如果沒有第七識的錯誤顛倒的認知，第六識也不會執著有「我」。

第七識實為染淨的根本，具有恆審思量的功能，恆常將第八意識的見分與相分當成自己真實的身心，執著第八識為真實的我。殊不知，第八識本身只是個

具有收藏、異熟功能的識體，而第八識的識體也只是收藏種子的生生滅滅，也沒有一個實際的第八識可得，但第七識卻妄認第八識為實在的命根，於其中起顛倒執著；再加上第六識的分別，認為第七識為實有，於是更加強了第六識的錯誤認知。

如此輾轉染薰，越薰習，越污染，就越牢執根身器界為真實不虛。而眾生就是因為不了解其中道理，將這個妄心當作自己真心，依它造業，故生死流轉不斷。

因此，如果把阿賴耶識當作生命的實相，認為只要斷盡煩惱、虛妄後，就會有個不生滅的真體顯現，這還是屬於生滅虛妄的妄心。

無智可得，無相而修

其實，多數的修行人都將妄心當作修行的本因，例如小乘行者知道因執著身心，所以煩惱生、苦生的道理，因此他們從法上了知諸法因緣和合，無一真實的我存在，故能斷盡本身的見惑及思惑，達到身心空的體驗。

不過，他們雖然認清身心及眾生的相當下是虛妄不究竟，故能離相得解脫，卻不知所證得的清淨相本

身也是一種因緣和合，因此仍執著有個涅槃可證。

　　所以修行千萬不要落在識心取相上用功精進，如果落在這裡，以為只要能斷煩惱、了生死，即可求得畢竟的菩提果，這樣的努力都叫做以妄心做為修行的本因。

　　而修行如果將妄心當作真心來用功，心一掉落在有所得、有所求、有所攀緣上去用功，哪怕只是一點點，都與自己的真心相違背。而且著在相上去努力，越用功，所生障礙反而越大。尤其中國的如來禪或祖師禪，就是告訴我們：四諦、十二因緣、六度萬行、乃至一切的涅槃法都是因緣和合的，甚至連成就了阿羅漢也都沒有一個真正的實相存在。

　　這就是為什麼真正的修行要具足正知見。如果具有八正道中所謂的正見、正思惟等觀念，修行時才不會掉落在盲修瞎練或邪修裡面。

　　此外，修行還要能夠達到明心見性才行，為什麼呢？

　　眾生一切的煩惱、身心障礙，皆因沒有真實的智慧，而明心見性就是以智慧清楚了知什麼是真心、自性，什麼是實相。你若是見性了，就不必再擔心道業

不成，因為見了性，即使尚未證得真正本心，但是會知道空性當下即具足一切，而日後所謂的修行，也不過是將所悟、所見的本具體性，在生活中藉種種歷練將它落實罷了。

所以大家應該了解，即使最後證悟了所謂的後得智，一定要與原來本覺的本智相應，如此才是真正成佛，所以我們的本智與後得智其實是無二無別；甚至，真有這個智嗎？《心經》也告訴我們：「無智亦無得，以無所得故，菩提薩埵。」因此，若你認為實有一個「智」可得，也是錯的！

佛法告訴我們要有般若慧，所謂的般若慧就是知道一切諸法畢竟空寂。而佛法一定要在生活裡真真實實的去體驗它，所以要常起觀照心，觀一切諸法因緣和合空的原因，而不要落在有相可得、可修，或落在身心相上去修。修行時，應如《金剛經》所說，菩薩應如是降伏其心，若無我相、無人相、無眾生相、無壽者相時，方能證得清淨的菩提真心，也才能真正成就菩提薩埵。

所以大家應該發起真正的菩提心，也就是真正覺悟的心，覺悟一切諸法畢竟空寂，覺悟一切相只是宛然如幻的假相而已，這樣才是真正的修行。

🍃 放到無可放

　　理入，就是要常常以這樣對真理的認知來作為我們的正知見。大家一定要知道眾生與佛本來就無二無別，也都具有妙功德智慧，也要知道我們心體本來清淨，不受污染，更要知道我們自己雖然有妄念、顛倒以及種種分別計較，但只要放下它、捨下它，也就是「歇即菩提」。當放到無可放、捨到無可捨的地步，當下真心自會顯現。

　　什麼是放到無可放呢？經典記載，有人以花供養佛陀，佛陀告訴他：「你放下！」於是他放了右手的花，但佛陀還是叫他放下，於是又放下未持花的左手，兩手都空了，佛還是要他放下。這下子他就迷糊了，他想：「我的兩手都空了，都已經放下了，怎麼還要我放下呢？」

　　放下身心執著以後，就叫真正的放下了嗎？不對，連有「放下」的這個念頭都要放下，才叫做真正的放下。

　　也就是說，原先我們將執「有」的心放下變成「空」，可是這個「空」還不是實相，因為它仍是來自於「有」的對立，所以也是一種心相。因此，進一步還要將「有空」的念頭除掉，最後連「空掉空」的

念頭也都要放下，如此才眞是放到無可放的地步。

　　以大家爲例，你們常有身心的執著，所以先要放捨這個「有」，變成一個沒身心的東西（相對空），多數人以爲如此就得到眞正的解脫了，錯！這個解脫只是放下身心之後，得到一個沒有身心的東西，此時所謂的「沒有身心相」，其實也是從身心相而來的。所以你以爲空掉「有」、得到這個「空」，就是最對、最究竟的嗎？不是！因爲你認爲的「對」只不過是個人的妄見而已。

　　因此，你認爲的實相，別人看來未必是對的，比如善與惡的標準，也是一種對立的觀念。一個典型的例子，在愛斯基摩人的社會，如果獵到食物，家中身強力壯、可出外打獵的人最先食用，其次是負責家務最多的女性，最後才給老年人。

　　甚至於，父母老到連織皮衣的能力都沒有時，這些老人就會穿著最單薄的衣服，到戶外去凍死自己，變成北極熊的食物。因爲他們必須面對環境中最眞實的考驗，要生存、要延續他們的種族就必須如此。

　　這對中國人而言卻是很不可思議的，認爲是大不孝。因爲後期的中國是農業社會，非常重視經驗的傳承，所以衍生出敬老尊賢的倫理。

　　所以美醜善惡的道德觀念，它是實相嗎？從你的角度認為的實相，對他人而言就不一定是對的，因為它只不過是一個對立相，受限於各方面的因緣或背景，並非絕對可以放諸四海皆準。

　　如同我們去掉了煩惱以後就以為得到解脫，其實這只是心攀緣的一種解脫，不是真正見到一切諸法實相的清淨相。一般自認為的諸法實相也是如此，我們以為去掉所謂的「有」之後所得到的「空」就是對的，其實那只是相對的「對」，所以仍然有時間及空間的限制。

🍃 對治顛倒妄想的最好方法

　　在修行時，如果未建立起真正理入的觀念，在修行的過程中通常會緣在自己錯誤的認知上，也就是掉在身心相去用功。大部分的人都以自己的身心相作為根本，而對外界一切的評斷、好壞或愛憎也都是由著身心相去作主。

　　例如大家都知道佛法很好，但是因為自己做不到，於是就把它擱在一旁不理它。又或許都知道有身心的煩惱和顛倒，一定要藉由認真修行才能放下它，卻也不見得會去做它；即便是做了，也不一定能持之以恆。

這就是我們的妄心在裡面作祟，所以用功時就會掉落在身心相上，常常會覺得「我好苦哦，我好累哦，我的身體好痛、好煩哦！」等等，因此常常隨境而轉，修行也就進進退退很難得力。

　　相反的，如果我們先建立起正知見，修行時自會知道要以真心為主。在用功的過程中，身體當然還是會痛、也有業障等等，但你知道它們是空，所以不會掉落在身心相的妄覺，只知道妄想起了，妄想沒了，又再回來了……，可是不去計較它，就老老實實一直用功下去，這就是真正的真心。

　　但真心並不是要大家什麼都不知道，不是不叫你吃就不知道要吃、該睡覺了也不知道，如此呆呆的就不合乎自然。修行時只要知道有這些身心相就好，知道有妄念種種的問題，但不要繼續執著攀緣下去，這其實就是對治這些妄想、執著、顛倒最好的方式。

　　用功時，要常常用法來觀照自己是否遠離了真心、遠離了正知見。一旦察覺到自己已經遠離了真心、正知見，就要馬上回到方法。如我所說，就是清清楚楚知道自己的身心相，但是都不執著，苦來也不執著、樂來也不管它，修行時就會非常自在安然。

　　有些人修行時會逆性而修，也就是故意非常造作，

而這樣的造作要持久是很難的。但是所謂的不造作，並非隨順著自己原來的識心、妄心就什麼都不做，而是用功時要反聞自性，也就是往我們的清淨心來觀照，這才是真正的理入。

冥心入道──默照與話頭

不過，理入的建立並非胡思亂想就可得，而是需要藉教悟宗，也就是依著經典的教導，知道如何下手後再去實修，真正進入「冥心入道」。

例如我所講授的內容都出自於經典，雖然你們不是親自去研讀，但由我看過之後，再經由我說，你們聽進去了，這也叫做藉教悟宗。「宗」是指最重要、最精華的部分；了解了「宗」的真實內涵後，接著就要下手實修。

實際修行不出定和慧兩項，只要定、慧二者具足了，妄心自然就會停息。所以，冥心的「冥」有二意，一是當作動詞，是指經由種種修行以後，使自己原來妄想分別的心能夠放下，不再顛倒；心無有追求時，即為冥心。

第二是當形容詞，「冥心」即是真實不生不滅、不來不去的心。兩個意思不太一樣，剛好是我們修行

的兩條路。

這兩條路，一條是用默照的方式，即修行的當下，就往全體的妙德性——也就是全體的大用上去覺照用功，從如來的智慧德相上去真正證實我們的心本來與佛無二無別。

另一條路則是用以幻遣幻的方式，就是從幻來修幻，既然知道它是幻，就會離幻了。因為我們雖然知道身心的種種妄想、分別、執著是不真實的，但是無法當下遠離，所以就拿一個話頭來參，以這樣的幻法讓自己的妄心乍歇，然後與實法相應。

通常祖師禪的修行是即定即慧，即聞即知，本來具足，本來圓成，不假修證。如六祖慧能大師，一聞《金剛經》心即開悟，所以當他去見五祖弘忍，五祖罵他野蠻之身如何能作佛時，他即答道：身雖然有別，但性哪有什麼差別？所以利根者如慧能根本不假修證，當下即知本性圓滿。但是有這種根器的人畢竟非常少見，多數的人仍得經由次第修習的方式，也就是由冥心入道下手，去悟入自己的本心。

默照——全體大用

由上面所知，默照修行是由全體大用來下手，從

全體大用裡面來稱性起修，所以當下即知：性即是修，修即是性，性修乃不二。這樣的功能其實就是屬於默默觀照，然後知身心、一切見聞覺知當下都是心體的妙用，故知全體妙用、全體大用其實也不離開所有諸法的實相。所以《心經》說：色即是空，空即是色。也就是說，空乃諸法的實相，當下也即是色。色空不二，不二空色，就是我們的真心。

而真心在哪裡？真心就在我們的身心裡，身心的見聞覺知就是真正性的妙用。例如我們的眼能見、耳朵能聽、嘴巴能講、手能動、腳能跑……，這些都是如來大用的展現。

只是我們常掉在妄想分別的計較中，所以一切的見聞覺知都成了造業的工具，因而隨著生死流轉。只要我們能遠離一切對待、分別、攀緣，一念放下，當下即可由生滅的現象中見到所謂的不生滅。

默照的修行，就是老老實實的依清淨心在方法上去用功，例如以繫念念佛的方式，就是一直念佛，不落在身心相上、也不落在識心上，就一直念下去，念到念而不念、不念而念，真正進入念佛三昧境時，法與心會合成一體，自然就清楚原來本自具足。

所以大勢至菩薩說，只要能憶佛念佛──即以真

心起妙覺的觀照來念佛——，現前當來必定見佛。因為以清淨心來念不生不滅的佛時，當本自清淨的那個「心」、跟清淨能念的那個「念」最後合成一體時，究竟的清淨念成就，彌陀自性就會顯現了。

話頭──藉幻修幻

「冥」的另一個意思，即是去除一切妄想分別對待，這個就屬於參話頭的用功方式。此種修行是要藉幻修幻，知幻以後就會離幻，離到無所離時，不幻的東西自會顯露出來。

但要如何藉幻修幻？就是由我們這個幻的身心起一個幻用，也就是拿一個話頭來參：「什麼是無？」其實也沒有要你去追逐什麼東西，只是以這樣的幻法，讓自己的妄心乍歇，就可以與實相相應了。所以我們所參究的那個「無」，就是指真實的實相；然而所謂的那個實相，也沒有真正的實相可得，所以是無。因此，「無」是參究時用功的方法，也是證悟時的究竟實相。

參話頭是由根門下手，如《楞嚴經》中觀音菩薩的耳根圓通法門，就是從身的動靜二相滅，進而根滅、塵滅、識滅、覺滅、空滅，次第用功，最後才見到不

幻的東西。

　　此即是《大乘起信論》的一心二門中，生滅門的還滅下手，也是《圓覺經》中所闡釋的起幻智、修幻法、遣幻妄，以幻遣幻的修行。從根入手修行時，先會達到動靜二相了然不生，因為知道一切為幻，故二相不生。動靜不生時，即是入流亡所。接著進入聞所聞盡，此時仍有個「覺」存在，所以還要空掉這個「覺」，變成「空」；然後又進一步把「空」空掉，達到空滅。最後當一切的生滅都沒有的時候，寂滅自會現前。

　　它就是從幻上一步一步的修，一個幻滅了、離了，再從另一個幻來修；最後到達所有的幻皆滅時，不幻的東西自然顯露出來。

　　很重要的一點，耳根圓通法門雖然是捨識用根，但修習時仍要反聞自性，也就是旋根、旋流，入流亡所。所謂「入流」就是要進入法性流中，不隨自己的生死妄想心；如果隨順著自己的生死妄心，你就永遠隨業流轉生死了。

　　所以我們修行時，就是要逆自己原來的攀緣分別的識心，進入到一種不分別中，然後起而觀照自己原來的清淨本體是什麼。這就是參話頭。入流亡所就是一種參話頭的方式，而且如前面所說，它其實就是以

幻來治幻、知幻然後離幻的次第修行方式。

善知識的重要

以上所說的默照和話頭，是祖師禪修行上兩個很重要的法門，因此「冥心入道」非常非常重要，如果不能藉由實際修行達到冥心，永遠沒有辦法相應到真正的道。而且不管用哪一種法門來修行，一定要與真心相應，唯有相應到實相的理以後，才能夠真正入道。

很多人因為不了解如何是真正的實修，常落在識心上去用功，如此不僅很難相應到全體大用、也無法體會自己的本性原來與彌陀自性無二無別。

有些人雖然去打佛七，乃至參加默照、話頭、或念佛禪等等，大致只被教導怎麼用功而已，但究竟要如何真正的發心，甚至如何能夠在最短期間內相應到真心、並得到受用……，諸如此類的指導卻很少，因此有人用功了一輩子，結果都是在盲修瞎練。

在修行過程中，善知識是很重要的，因為善知識本身對於教理以及修行有相當的體悟、也有真實的相應，因此可以指導大家。在這裡，我希望將最精華、最重要的東西，例如怎麼相應到經教義理、乃至於下手的方便處等等跟大家分享。我所教授的內容，如果

你們聽得清楚、而且知道怎麼去用它，修行就能很快
上手。所以修行時千萬不可以離開善知識，否則修行
難以有成就。

尤其我在 6、7 月間（註：2009 年）應邀至法鼓山
美國象崗道場、以及加拿大溫哥華道場指導禪修，經
過兩個月的歷練，我自己不僅在禪修、乃至其他法門
的教導以及善巧方面越加純熟，也更能掌握並體驗到
經典及祖師們所說的真正大意。因此，相信我所說的
內容對你們的修行應有很大助益，希望大家不要輕忽。

只要大家肯用心學、真實的用功，不管資質如何，
一定都可以得力。如我之前所說，只要工夫用得深，
鐵杵也可以磨成繡花針。

現在大家之所以無法受用自己的全體大用，是因
為工夫還沒有落實；一旦落實了，隨拈一法，處處皆如，
處處皆自在，所以古人說拈一根草可當丈六金身來用，
也可以把丈六金身當一根草來使。為什麼這些祖師大
德們有如此能耐？因為他們真正見到諸法實相，故身
心本具的智慧妙用，取之不盡、用之不竭。

希望大家要好好用功，將自己所有的念頭、分別，
在一句佛號聲中將它們真正的打死。古人講，不大死
一番，法身就活不過來。所謂「大死」，是放下我們

的分別知見、人我計較的心，只要老實修行，一定可以得力！

心光綻現

達摩祖師的二入四行，說二入，其實應該只是一入，也就是說，理入跟行入兩個是一樣的。真正的知曉，必須從實踐的驗證中、通過實證的考驗，那才叫真正的知；而如果徒有行、卻沒有以真知作為指導，則往往使人費盡許多辛苦，仍然不能得力。

共產黨有一句話：「真理要經過實踐、考驗以後，才叫真正的真理。」經不起考驗、經不起實踐的，都不叫真理。理入如果沒有從行入真正去落實，它只是知識上的理解，而不是智慧的觀照。在日常生活中，很多人往往是跟生死一再的纏綿而無力出離，這就是沒有從生活、生命的實踐中，去體驗佛法真實的可貴處，所以變成只是在經教義理上的聽聞薰習而已。

佛法的可貴之處，在於解決人類生命諸多困苦、以及教導如何出苦，不同於世學只往知識的堆砌上成就。佛陀指出，所有的苦皆來自於我們的心，而心苦往往是我們顛倒、分別、計較所引起的。為何如此？因為我們錯把妄心、生死心當作真心，在面對諸法萬

相時就加以執取為真實，因而使心更苦，也就越難離苦了。

　　所以我們必須以這樣的真知作為我們生命、生活的指引，在生活的理中歷練，就不會繼續陷溺於五欲塵勞，招致種種苦不完的身心現象，而能在生命、生活的歷練中，把自己真實的生命活出來。

　　知跟行是合一的，這是孫文學說，事實上我們佛法早就如是說。如果沒有真知，行是很辛苦的，例如開示時的錄音器材，它其實很簡單，只要知道如何操作，按一、兩下按鈕就可以錄得很好；可是如果不曉得的話，按這個不對、按那個也不對，按來按去，可能把整台機器搞壞了都仍然搞不好。這就是因為你沒有真的了知，所以當你去動它的時候，就會出現很多問題。

　　如果徒然只有知而沒有行，則只是建立在文字的表面架構上而已，當真正要操作時，就覺得非常困難。如同經典所述，尋求草藥的人，如果他在藥書當中，只從名詞文字上去背它的藥性，甚至只看上面的圖示，然後參照它的解說，說這個是什麼、形狀是什麼、味道是什麼、能夠治什麼……，把藥典背得滾瓜爛熟。可是一旦拿這個藥草給他看的時候，他反而認不出來，

分不出哪一個是正確的藥，因爲他沒有經過實際的歷練，徒然只有文字上的認知。

行入要有理入的認知——也就是正知見——作爲生活上正確的指引；理入則要在生活實踐中，去顯現它眞實的生命和價值！

眞實的價值，就是把知識化成智慧的妙用。大多數人的修行，都以爲是到寺廟參加一些活動或共修，例如禪七、佛七時才會用功，離開了禪堂、念佛堂，工夫就不見了，就丟開修行的方法。如此將修行分成好幾段，工夫很難有成就。

甚至不必離開寺廟，可能在寺廟稍有休息，或轉換成用齋、出坡的時候，心馬上離開現前所修的法而隨境攀緣，這樣的修行當然就不得力。

居士平常在家裡，根本沒有把這些修行方法運用在自己的生活中，進而體驗眞實的生命。雖然是佛弟子，卻沒有眞正地學佛。我們沒有效仿釋迦牟尼佛如何遠離生命中諸多顚倒、妄想、執著，如何成就智慧、悲願，度盡一切衆生。

雖然我們欽佩、遵從、禮敬世尊，但都是用攀緣、祈求、貪戀的心作爲我們禮佛、敬三寶、甚至修習經

典的態度。這樣子的修行，已經違背了前面所講的正知見，也就是沒有追隨佛陀給我們的正確指導，仍然用自己原有的凡夫心、世俗心、生滅心來修行。

我們雖具正知見——即理入，深信一切含靈本具如來的智慧德相，仍需要把這個理入化成生活的血肉、生命真實的受用，如同浴火的鳳凰能真正地展翅高飛；如此，身心有力，才能抵擋疾風勁雨的考驗！

如果沒有踏實的修行，心是散亂沒有智慧的，心光（即智慧）沒有顯現出來，當然還是以妄心去追逐妄境，仍然在黑暗之中造作種種生死業，因此必須把修行法門時刻謹記在心，持續不絕、專一地用功下去，久而久之，工夫就能夠純熟，心就能夠放下一切分別計較。

當心達到寧靜統一，心光就能夠流露出來；有了智慧，就如同燈塔能夠放光，在黑夜中照亮海面，讓船隻能依光亮而得以安全進港。

行入

接著說明行入。達摩祖師教導的行入有四個項目：報怨行，隨緣行，無所求行，稱法行。

首先要了解什麼是「行」。行是自己的造作行為，也就是在身、口、意三業面臨生活中的考驗時，你是用怎樣的心態去如實面對這些問題。如果你對佛法沒有真實的認知和體驗，當面對這些境界的考驗，你是沒有根、也沒有力的。

三十七道品裡面有五根、五力，只有經由踏實的修行，那個根才能長出來、才能茁壯。有了深而茁壯的根，才有力量不被境風吹倒。經由生活的磨練與考驗，正是我們修行最好的試金石。無論是參禪、念佛、誦經、拜佛，都是使我們自己的根和力增強；當我們的根、力增強時，就能處理和承擔生命諸般現象和考驗。

回顧我們自己的生命，有過多少真實的考驗？再細想，又是怎麼走過來的？說走過來是好聽的，其實根本連爬都爬不出來，深深陷在泥沼中。所以我們是一群最可憐的人，有這麼好的大法，也本具一切的妙德性，可是我們卻把自己的生命展現得如此悽慘可憐。

1、報怨行

達摩祖師指出行入的第一個報怨行，就是在面對最慘、最糟糕的考驗時，例如你的生死冤家在傷害你，給你種種打擊和傷害、甚至要置你於死地，遇到這樣的怨害，應該用怎樣正確的心態和行為來面對、承擔、以及處理它，這叫報怨行。

如是因，如是果

所謂的「報」是酬償果報的意思，就是種什麼因、得什麼果，並非報復。諸般的怨苦和不如意充斥於世間，如八苦中的生、老、病、死，大家都必須經歷一番，再者愛別離苦、求不得苦、怨憎會苦、五陰熾盛苦，也是生命歷程中勢必將遭逢的。

例如，看那些含著金湯匙出生的人，一生什麼都不必做，多麼的風光，而我們卻一輩子勞勞碌碌、辛辛苦苦，只想換來三餐溫飽、生活稍微安定，有的人終其一生卻連這些都得不到。

對於八苦的諸般現象，我們都不要怨天尤地、心生不滿，或總是怪老天不公平，怪自己的命運多舛、福報這麼差，為什麼自己盡遇到這些。否則，若以報

復埋怨的心來以暴還暴，只有使事情越來越複雜、越來越糟糕。

　　生命種種的不美好，不是沒有原因就獲得這樣的果報。這些果報，例如災難、病痛等等降臨我們身上，都是過往所造的如是業因，來生必然受如是業果。

　　換一個角度看我們所面臨的這些業果，應該用一種很坦然的態度去接受它，好比欠債一般，欠了債就該還，這是極其公平的。就算你賺再多錢，如果欠了債，債主一來就要光光，往往還要算利息，沒法留下你想要的。所以我們不必怨怪，知道因緣果報是逃避不了的，對於任何橫逆，只有以坦然的心去面對它、處理它，自己的心就能夠放下它。

　　否則，人比人氣死人，你總覺得你的努力奮鬥比他多、聰明才智也不比他差，但為什麼他的運氣總是比你好？而且不僅是名利官位，就連幸福快樂的程度也比你好。有的富貴人家出了逆子，家庭不和樂，就算有財富名位，對這富人來講也不是真的快樂；可是偏偏有些人不僅功名利祿亨通，家庭也美滿幸福，兒女乖巧，自己身心也健康，什麼都很好。總之，好的全被他佔盡，壞的都由你一人承擔。你跟他一比較，真的是會引發內心的不滿與怨懟。

　　佛法告訴我們，其實不需要這樣，因爲一切的果報，都來自於一定的業因才會產生。這不是佛法的消極觀，而是現象的眞實面貌。

　　像現在國際間有許多紛爭與戰亂，敵對者往往認爲：你傷害我，我就要加倍報復酬償！小國敵不過大國，就用恐怖的行爲來報復。能犧牲自己去殺害敵人的，死後就成爲義士，因此他們可以視死如歸當人肉炸彈，一個人換你十條命，他就覺得賺了九條。他不在乎自己死，他認爲這是一種公平正義──你大國侵擾我，我無法還擊，最起碼可以使你們社會不安──因而有九一一的恐怖行爲。是這樣動亂的社會，使人心不安定，時時處處生活在恐怖的陰影當中。

　　家師在其著作中曾提及，他在西元 2000 年到巴勒斯坦參加世界宗教會議，共議如何藉由宗教使一切戰爭停息，尤其是巴勒斯坦和以色列經常在開打，那次的會議以巴兩國都有參與。家師說，人走在路上，不知子彈、炸彈何時會從何處飛來，或是恐懼路邊有沒有地雷，每個人在街上都不敢像我們這麼自在，但是他們仍必須工作或出去採買，因此每天的生活充滿恐懼不安。

　　老百姓難道希望過這樣的日子嗎？他們也祈求和

平,也希望過平安喜樂的日子,可是因為宗教的歧異,導致彼此認為被欺壓或不被尊重,諸多的對立因此而生。

佛法的報怨行,就是告訴我們在了解生命的實相之後,用一種最佳的方法——看起來好像是最軟弱、最無力的,但事實上,它才是最不會引起大的損失和傷害的方法。

就像甘地為了爭取印度獨立,提倡不抵抗主義,英國人用暴力將他們關進牢獄、或用槍棒打殺,他們都不還手。印度人民體認到:你可以傷害我的身體或生命,但無法使我的理念與我的生命分割,只要這個理念存在其身一天,就能貫穿並支持整個生命的真價值,而這真價值就會流傳到千千萬萬人身上;有千千萬萬人來支持這個理念,它就會變作一股永遠無法消滅的力量。

後來英國人關了好多好多印度人,監獄都關滿了,因為這些人都是自動去報到的——你要關我多久都沒關係!先是不抵抗,接著不納稅,然後再拒買英貨。看起來是最消極的,卻是用最少的動亂來換取真正的和平,最終促成獨立的印度國。

印度後來雖然也因為回教的信仰問題,國土再度

分裂，在北邊成立巴基斯坦、東邊成立孟加拉等兩個回教新興國家，中間才是信仰印度教的印度國。為了這樣的分割，一些人遠離了自己原來生長的地方，財產也沒有了，但至少已經在損失最少的範圍內，各自成立了三個國家。

報怨行似乎是酬償宿債，而用比較消極的態度來解決它，事實上，它是因緣果報所展現的真實相貌。也就是說，造如是因，必受如是果，假如你不還它，而且還改用激烈抗拒的態度，那只有苦上加苦，使它變得更嚴重、更激烈。

像我小時候處處受人欺負，受種種的凌辱打擊，那種被歧視的痛苦，是一般健全家庭中成長的孩子所無法體會的。既失掉家庭的歡樂，又加上外人的欺凌，要經歷多少精神上的歧視和語言暴力的傷害而不臣服於命運，繼而從最卑微的生命中活出自己的生命價值，其間的過程是多麼可憐。因此在我十一、二歲時，心裡充滿了非常多的怨恨與不滿。

那時候住在元化院，我記得晚上媽媽跟其他人在揀豆子，可能是法會要煮的吧，我也幫忙從中挑出石頭之類的雜物；挑著挑著，竟然把這些豆子排成一個「恨」字，恨天恨地恨什麼，無盡的恨。

　　我心中想，如果以後我有能力，一定要報復這些人，讓他們受到最大的痛苦凌虐，才能消我心頭的恨。我小時候就是充滿著這樣的暴戾之心，我並沒有認為這個社會是可愛或溫暖的，反而覺得社會很黑暗、很卑鄙，充滿了種種不美好。

　　當時就是這樣的心情，因此不知不覺把那些豆子排成恨字，排了多少個我也忘了，結果沒有收就跑去睡覺，被其他法師看到，就跟我媽媽說：「你兒子危險啊！你看，把那些豆子排成恨字，可見他內心充滿了多少可怕的思想。」

　　我母親當然也知道，但也無能為力，不知道如何積極地管教我；是那裡的法師發現我有這樣的問題，才介紹我到文化館來，他們認為那裡的老和尚比較有能力可以幫助我，所以我才會跟文化館結緣，在那邊出家。

　　沒有歷經被傷害和凌辱過的人，不會有這種恨的思想；而心靈歷經這些傷害的人，如果沒有得到適當的輔導，他對社會的認知就可能不是正常了，就會變得很可怕。

　　還好我可能前世種了很好的因緣，後來能夠遇到像魔王一樣的師公，結果我這個小魔王就被他降伏了。

如果我成了大魔王就會不得了，那個偏激的心理是很可怕的。

很多人在生命遇到這樣的波折與摧毀時，以生活面而言，那不只是不如意，更可能是面臨名利的掙扎、或種種無情的打擊和對待，有時候會產生一種不健全的心理。那個心裡的毒，如果讓它繼續擴展，將會變成社會的惡瘤，有一天不知會如何危禍社會，所以是很可怕的。

🍃 如野地花草，展現風雨磨練的韌度

報怨行，如果我們只是用消極的態度面對它，那當然也是一種修行方式，但佛法告訴我們，真正的報怨行不僅只是消除舊業，更要從苦難的環境裡，磨練出生命的真實力量！

如同儒家的孟子所說：「天將降大任於斯人也，必先苦其心志、勞其筋骨、餓其體膚，行弗亂其所為。」一個人想要將來有所大擔當，擔得起天賜給你的大任務，你就不可以做溫室的花朵，就必然要經歷種種生命的考驗跟摧折，才能夠真正的成長。

雖然我們沒有大成就、也不是一棵大樹能夠替很多人遮蔭，但起碼我們是踏不死的野草；尤其是我們

這一代的人，都是歷經很多的苦難，但是都沒有倒下。我們從前的生活是那麼的苦，但再怎麼苦，都沒有放棄生存的希望，總是認為，熬過去、忍過去，就能夠度過去了，度過以後未來就是一片光明，就必然有新的天地出現。

可是現在年輕的這一輩、或更年輕的一輩，有人說是草莓族，輕輕一碰就爛掉了，經不起考驗。為什麼？因為保護得太多了，生命沒有歷經一些苦，往往將這些考驗打擊當作度不過的難關，對於生命，都沒有歷練出一種真實的力量。

現代的人看眼前都是黑暗的，再看更遠就更黑暗，所以認為前途茫茫，沒有希望，動不動就想一死了之，甚至有的還牽累小小的幼兒，有的可能才幾個月大或幾歲，有的雖十來歲已經懂事，可是當父母決定走那條路的時候，他內心也覺得，如果世上只剩他一個，也不知該如何是好，所以可能父母並沒有強迫他，但最後也同意這麼做，所以也一起走了。

我們看到一家人有的是七、八歲，有的是兩、三歲，也有的是十來歲，而大部分這些輕生的成年人都是三、四十來歲，因為他們的生命沒有歷經太多的考驗，所以遇到一些挫折打擊就走不過來；一旦走不過

來，就會認為那就不要再走下去了吧。所以就很可憐，自己做下很多愚蠢的事，傷害了自己也傷害了兒女、傷害了家庭、更傷害了這個社會。

如果接受真正的報怨行，我們應該經得起這樣的考驗和歷練，讓自己的生命變得更堅韌、更明智、肯承當，真正活出更深邃、更有內涵的真實生命。

家師講過他隨時準備死，但是他並沒有放棄生命。對死，他時時刻刻都有準備，知道自己身體的病痛和問題是怎樣的多，但是他不放棄，哪怕只能再多活一天、多活一分鐘，也要活。不是貪生怕死，而是每一分鐘都要活出生命的真實意義！

面對生死要真正去承擔，不管它呈現是負面還是正面的、是令人歡喜或是苦難的，都是內在真切的生命！有這些考驗和苦難的磨練，在未來的生活才能更有智慧，有更大能耐、更大擔當去面對更多的問題。

溫室的花朵是經不起風吹雨打日曬的，一不小心就乾枯了，一下子就被吹打得遍體鱗傷甚或掉落滿地。我們的生命也是如此啊！那些在野地沙漠、海邊鹹水地上生長的植物，有的看似不起眼、有的不為人知，但都意志堅強地活出自己的價值，展現出生命的韌度！你要有那個堅實的韌度，才能承擔起生活中的諸般苦

難，否則輕輕一拍，就像草莓一般爛了。

　　因此，報怨行不純然是以一種負債還債的消極方式去看待，反而是成為我們轉化一切苦難的養分，成為生命的真實力量！沒有這些考驗、挫折或苦難，是無法淬鍊出一個人的大胸襟和大氣度。正確的報怨行的心態，才更能顯發出生命向度的正面積極性。

　　事實上，報怨行是法的真實相，你只需要了解這個實相，然後用這樣的態度去面對它，心裡就不會起種種的怨懟和不滿，就會心甘情願的接受：「嗯～欠債當然就是要還！」還完了，就悠遊自在了！

烈火洪爐成就生命的莊嚴

　　我小時候聽過一個故事，蠻有意義的：

　　一般佛殿中立有銅佛、也有銅磬，有一天，銅磬對銅佛說：「老兄，我們兩個都是用銅製成的，但是進來的人，總是不分青紅皂白拿起木棒就往我身上猛敲，敲得我嗡嗡作響；一個敲不打緊，另外來的人也敲，還天天敲！但是老兄你坐在那裡，人家卻對你猛磕頭，而且不僅對你禮敬，還以香花水果作為供養，請你享用。」銅磬嘆口氣：「何其不公平啊！」

　　銅佛回答：「老兄，我們同樣是銅製的，可是你在成形的過程中，缺少像我這樣的被千錘百鍊！」

　　磬也是要經過捶打才能夠成形，但是捶打的次數沒有這麼多，經過火再烤、再打的程序也沒有這麼多。因此，未經過千錘百鍊以及烈火一而再的磨練，人家一看到就想拿棒子打你。

　　聽到這個故事，不要只是把它當作寓言，其實它有很深的內涵。佛也跟我們同樣是人，如果佛太遙遠，那師父你們都見過的，為什麼同樣都是人，而且他還是個帶著病痛的老比丘，卻深受千萬人心悅誠服的禮敬？上自王公貴臣，下至一般老百姓，不只中國人恭敬他，連外國人也是如此的讚歎他，生前如此，死後同樣受感戴。

　　不要說人家不禮拜你，你講的話可能連你的兒女都懶得聽，多說幾句他還嫌煩；而我們聽老和尚講話，他沒叫你放掌，你得合掌，他沒叫你坐，你得畢恭畢敬地站著，他沒叫你拜，你馬上願意五體投地的拜下。為什麼差別這麼大？因為他的生命真正歷經了千錘百鍊，經過烈火洪爐種種的考驗。

　　報怨行，不要只把它當作是生命無法出離的苦，否則，這個苦永遠苦不完。這些苦本來就是一種熱惱，

沒有這種熱惱，就成就不了自己心地的清涼，也成就不了心地裡真正的智慧和光芒。

我們今天的生活，實際上是太舒適了，沒有很多這種苦的考驗，往往一點點的傷害、一點點生活上的不如意就受不了，就覺得「哎呀！不得了啦！」那真的是很可憐的事。希望大家要從這報怨行上老老實實的去體會，然後從裡面來真正成長自己。

最近有一位從溫哥華來的常如行者，原籍新加坡，這八年來一直在外流浪，去過麻瘋病區，也去過中國大陸很落後的藏區和苗區，跟當地人一起生活；她也住過大陸高旻寺，做過除糞的淨頭，天天挑糞澆菜。我在溫哥華帶領禪修時，看著她一個人整天在菜園裡忙，也不在乎有沒有人注意她，就是一個人默默地一直做。

像她這樣受過高等教育、曾經身為高級主管、正值青春年華的未嫁女子，怎麼能夠放下優渥的生活，選擇自我生命的流浪，然後從流浪中體驗到一種更真切的生命、以及修行的迫切性？她的心境到底是怎樣？大家可以跟她談一談，她的生命故事很值得我們共同學習。

其實，如果沒有歷經這些真實的體驗，就無法知

道你現在生命的美好、也不能體驗修行的迫切需要。我們在五欲塵勞當中，往往過得太優越、太美好，自己就以爲沒事了，以爲這樣過日子就好了。

事實上，一切的苦因都潛藏在後面，你若不努力淨化所做的苦因，則形成的迷惑和顛倒會永遠存在。當業報來臨時，這些苦都會一時現前，如果你沒有準備或者歷練過，到那時候就是手忙腳亂，不知如何是好。

我們心裡都要有準備，早晚會歷經病和死，例如我的弟子常實法師，年紀輕輕的就患了癌症，離開了我們。她那種爲生命、病痛奮鬥的過程，我們都還歷歷在目；而常眞法師也是年紀很輕就患上乳癌，動過手術，會不會再復發誰都不知道。然而，這些病痛就是生命的實相。

花無千日好，人生再怎麼火紅也不可能都是萬年紅。只要我們身心隨時有所準備，有一個踏實的修行，不管境界怎麼來臨，你都不會顛倒、也不會害怕。就是因爲沒有很踏實的修行，所以面臨年三十來到時——意味著我們自己最後一分鐘的到來——總是驚慌失措，百般不願接受這樣的事實。

如果有所準備，根本就不會害怕，哪怕只剩下一

分一秒，活到最後一口氣，也要活出它精彩的生命來，活出它真正的光芒和力量，如同家師那樣！

第一個報怨行就講了這麼久，其實，不是跟大家講經說法，而是提醒大家，我們隨時都要有真實生命的認知，否則所認知的佛法都是文字的、都只是佛陀的，跟你了無關係。通過這些苦難以後，你隨時都會有智慧可以導引自己走向未來，遠離一切危險、一切黑暗。本身具足智慧的光明，才能夠燭照別人，讓別人也能走過跟你一樣的苦難，如此的行徑就變成一種慈悲和願力。

你們的福報沒有我這麼大——我是指我的魔王師公。從小他老人家就用生活的歷練來考驗我，讓我的身心受到無比痛苦之後，生命才能有這個韌度和體驗。我也不知道以後會遇到什麼，但是都不必害怕，該怎麼來，就怎麼來，該怎麼樣承擔，就怎麼樣承擔。

我們山上有一位兼通中、西醫的醫師，原本是西醫出身，是一個非常好的外科醫生。他認為我們的病痛在西醫那裡都變成末端治療，這樣太慢了，應該在身心還沒形成病痛之前就把它看好，也就是預防勝於治療。去年他看了我的病，認為我頭上長的不是腦瘤，而是血管瘤。乍聽之下，我的心掉得更低了。

　　如果是腦瘤，十幾二十年應該是沒有問題，因為它不會擴展，問題比較小；但如果是血管瘤，則會隨著年紀老去，血管壁會變得脆弱，越來越不容易承擔血壓，隨時都會破碎而造成中風、腦溢血。而且通常血管瘤無法根治，因為一整片血管沒辦法替換它；如果那個瘤不擴張，也可能由於血管變厚或者老化，隨時可能跟這個世界莎喲哪啦 say good-bye。

　　我聽到之後，又想這樣也不錯嘛，因為走得更快啦！血管瘤一爆的話，大概不必治療、也不必插管，馬上就很好走了。

　　我從幼小時就歷經種種的苦，長大稍微能夠自主後，又遇到病痛纏身，諸多的業障都脫離不了。然而，這些我都覺得應該去承擔！逃不了它、也無法逃，只有接受它、承擔它，然後深深體驗它！

　　如果自己的生命欠缺韌度、力量和智慧，就要學習如何去補強，有錯誤之處也要去修正，而不是掉落在原來的過失、或原來的業裡面。

　　業本來就是一個很大的障礙，結果你又掉在那裡面，就會形成更大的障礙。為什麼？那叫悔，「悔箭入心」是不可救的。這裡不是懺悔的悔，而是懊惱的意思，是一種無可救藥的徹底失望。這樣的悔就會障

礙我們的修行。

　　每一個人的生命都不同，遇到的關卡都不一樣，但是每個人都要珍惜、尊重自己的生命，活出它的真實意義。要活出生命真實的意義，就必須不離開佛法。

　　有佛法的人，生命無論歷經怎樣的挫折或考驗，都能度過一切苦厄，同時還能在苦厄中成長，將來才有能力照顧別人。觀世音菩薩就是因為能夠度一切苦厄，才能夠變成觀世音，才會變得這麼慈悲。希望大家共同努力。

　　我們應該把握有限的時間，將生命充分運用在道業上，不要浪費時光！如果讓自己的生命在分別計較裡面，那只有增長自己的業。唯有善用佛法來莊嚴自己，透過修行使身心有根和力的支持，才能面對生命和生活的苦難。

【修行的叮嚀】

修行本因

　　修行不可以盲修瞎練，更不能以身心的覺受作為真實的成就。大多數人的修行是以妄心、生死心來修行，所以常常以起心動念作為修行的初發心，離不開身心的分別與執著，念佛時只想見佛相好、想要佛來灌頂與種種不可思議的覺受，那都是妄想！

　　這些念頭與想法就叫做妄念、生死心，如果不除掉它，縱然佛陀給的是最好的法，我們仍用自己的妄心、識心去用功，所得的一切只變成身心相的一種覺受，執著貪戀它而且放捨不下，反而會成為障道的因緣。若用生滅的心、用分別計較的心去追求、去證取不生不滅的清淨心，如同緣木求魚、蒸沙煮飯，絕不可能達成的。

　　清淨心就是諸佛菩薩告訴我們的，人人本具如來的智慧德相，人人本有，就像佛一樣具足種種妙用、妙功德，不假修證。

　　人人雖本具清淨心，但都只是知道它，並不代表就能夠受用它，必須要藉助種種法門的修行，以顯發本有的智慧德相，才能夠落實在自己身心的體驗，才

叫做真實受用，也才是明心見性。

　　任何的修行首先要把自己的妄想雜念放下，再提起正念，繫心於一法上，持續用功以達到身心安寧、動靜不關心、清淨自在。接著在定中起念觀照法爾如是的究竟實相，務必達到性相一如、生佛不二的般若勝慧。

　　佛陀四十九年的說法，三藏十二部的教誡，處處都在告訴我們如何見到自己清淨的本心。至於為什麼不能受用像佛陀一樣的智慧德相，是因為我們有妄想執著以及種種的顛倒。如何才能淨除這些妄想、執著、顛倒？那就是用各種不同的法門來修行，使得身心有真實的力量；尤其是得到定跟慧的力量以後，這些妄想、分別、雜念，不用放下也自然放了。

　　如果我們沒有真正的修行、又或者工夫不到，這些妄想雜念就會時時刻刻生起，再加上無始以來的習氣煩惱如影隨形的跟隨我們，所以很難斷盡。只有用大信心、大願心、常恆心持續努力，才能夠使我們身心有定慧的成就，不至於陷入到生死妄流之中不得出離。

　　在修行過程中，也就是在日常生活的行住坐臥、眼耳鼻舌的見聞覺知中，不管是念佛、打坐、參禪、誦經、拜懺等等修行，都要不離參究，也就是不可以

離開清淨心，要以它來做爲能緣、能修的眞心。所修的法門，要能如實的觀照，使它符合諸法的實相，所以念佛就是專心一意的念，拿出全部的身心力量來念，不要掉在自己的身心覺受、也不要貪戀或擔心自己的身體狀況，如果你落在身心相上的覺受或擔憂、或對境界貪戀與追逐，那都是以妄心或識心作爲修行本因，這是修行最大的錯誤，縱使修到驢年也不可能有所成就！

〈大勢至念佛圓通章〉告訴我們，修行要都攝六根，要做到淨念相繼，直到一念不生，方能現前當下見佛。念佛時每個人要大聲地念，每一句的佛號聲從心裡誠懇生起，從嘴中持續地念出，耳朵清清楚楚聽到自己與大眾的聲音。從心裡生起佛號聲時，不要落在有所求、有所得的念慮中，要以無心、無得、無相爲本修因，這就是不以識心、妄心來作爲初發心。這是修行很重要的一個分水嶺，如果開頭就錯，那麼修得越久反而離實相越遠。

大聲念佛可以對治我們的昏沉和散亂，久而久之，身心融入佛號中，不知身心何在、也不知外面的山河大地何貌，一心一意只在佛號聲裡運轉，自然就可做到對外境不起攀緣、對內心不起分別，如此一來，不必刻意去遠離內心及外境的繫縛，當下即可體驗到淨

念相繼、都攝六根的受用。

　　淨念相繼就是沒有妄想分別、雜念紛飛的清淨心。是以紮實的一句佛號聲，老老實實、誠誠懇懇一直念下去，念到不念而念，念而不念，沒有能念的人，也沒有所念的法（佛號），但要清清楚楚地體驗到念佛的修行在自己身心的不同受用。同時必須知道這只是過程，只是一種身心相，不管好壞都不要貪戀它，要放下一切身心的體驗，繼續鍥而不捨地念下去。這念佛法門就是一切修行必須具有的正確方法，才可以在日常生活中達到動靜一如、身心不二、定慧均等。

憶持法門

　　此外，＜大勢至念佛圓通章＞明白指示念佛法門特殊的方法，在於憶持法門的專修，也就是用如母憶子、如子憶母的心境，來強固念佛的心態。對父母的思念、感恩永遠是我們每個人不可抹煞的情感，利用這種情感來加深對佛菩薩的希仰，達成我們念佛的真正功效。

　　憶母法門的修行，就是在用功念佛時不可以離開清淨心。「母」就是清淨心的代表，如果我們掉落到分別計較，就已經離開「憶母」了。你的念佛若已離母，

那就不是真正的實修,叫做妄修。

憶佛念佛的特勝處,在於像天下的母親無時無刻都關心著兒女的一切,恨不得以身代替兒女的苦難,這也代表佛菩薩的慈悲,尤其是彌陀殊勝的四十八願,就好像母親在憶念孩子,時時刻刻伸出慈悲的雙手救濟眾生出離苦難。

眾生念念念佛,念念不離佛,即是如子憶母。當兒女的身心受到苦難,首先呼喚的就是母親的名號,求取母親的庇護,能夠以這樣的心來念佛,一定心中有佛;心中有佛,一切苦難自可遠離。

佛是不生不滅、不來不去、法爾清淨、人人具足的本心。開始念佛時要以無所求的心為本修因,再配合有相的憶佛念佛、身口意三業的精進努力,使得身心當下能體悟自性彌陀的勝義。所以以真心為本修心,再配合三業的精進,不離生活搬柴運水、吃飯痾屎,處處不離念佛參禪,就是真參實究,也就是真實的念佛、拜佛。

念佛的「念」是指身口意的妙用,特別是我們用功時,能從專一的念佛中暫伏識心的分別,此時的識心會停止分別執著,能與阿賴耶識的淨相相應,那麼本體的清淨光明,就可從我們的見聞覺知中展現出與

平時不同的微妙作用。這時因識心的暫停，眼耳等六根觸及六境時，因無識心的分別，就打破了物我的藩籬、消融了自我中心，使得內外統一、身心一如，此時生命長期的負擔就能放下，眼前的山河大地頓時顯現，自己的身與心乃至外境都會感到無比的親近。如此的念佛，身口意都沒有離開佛法的大用，這才叫真正的念佛。

念是時時刻刻緣念清淨心、不離清淨心，繫念一法。心不離此法門，專注用功在生活當下，事事物物的處理及人情應對，都不可離開專憶。久而久之，工夫自然純熟，不管念佛、拜佛、打坐、誦經等等，心都能止於一處，自可親自體悟《大學》中所謂的定、靜、安、慮、得。

定後有了妙智，如此定慧均一，生活中自然可做到隨緣不變，不變隨緣。如此的用功才叫念佛、才是實修。其實一切法門的修持都不可離開上述的說明。

如果你只是呆呆的坐在這裡念，縱然念到沒有妄想雜念，也只是暫時的輕安，出了這個殿堂，你就不知如何繼續用功，居家時妄想紛飛，佛都不知道跑到哪裡去了，遑論修行！所以古人說：「修行一年，佛在心中；修行兩年，佛在眼前；修行三年，佛在西天。」

修行貴在持續，持續精進工夫成片，身心就會有所眞
實體驗。

　　有了眞實的體驗，對佛法及修行就有信心，信心
堅強即可證得不退轉，得不退轉後即可深信自己的清
淨心即是自性彌陀；親見自性彌陀後，五濁惡世的娑
婆即是西方極樂淨土。心淨國土淨，提昇人的品質，
建設人間淨土，自可水到渠成，不假造作，凡所願求，
無不順遂。

念佛是誰？

　　現在進一步告訴大家如何參究「念佛是誰？」

　　我問你們，是誰在念佛？究竟是誰？不是自己又
是誰？那自己又是誰？爲什麼不清楚不明白、不能回
答？因爲你沒有經過這些修行，沒有達到都攝六根、
淨念相繼，沒有時時刻刻憶佛念佛，當然見不到佛。
見不到佛，當然就見不到自己；見不到自己，當然也
就不知道自己是誰！

　　雖然佛常說每個人都跟佛一樣，都具有如來的清
淨德相，並且也告訴我們這個妄心妄身當下就是清淨
的菩提，但是佛講得再多、我們聽得再多都沒有用，
眞實的修是常常要反問自己：佛在哪裡？我在哪裡？

什麼是佛？我是誰？爲什麼我都不知道、不清楚、不明白？

　　尋遍經典的教誡、祖師語錄的說明，經年累月孜孜不倦地去覓覓尋尋，踏破鐵鞋，望斷天涯，伊人依然在天涯海角。然而只要放下身心的執著、分別、顛倒，捨識用根，自可轉識成智，當下生死妄心即是涅槃眞心。佛法無多子，衣線下的自性神珠乃自家珍寶，不需刻意造作追求，不必踏破鐵鞋，春在枝頭已十分！

　　就是因爲尚有那些妄想執著，而把自己的清淨德性埋沒，所以我們一定要知道以什麼方法去用功，一定要以不生滅的心做爲本修因，清清楚楚知道，時時刻刻起修。

　　修不是修沒有的，是修已經具足的本有的佛性。已是本有的，爲什麼要修？因爲我們有妄想執著的障礙，清淨的佛性不得顯現，所以修是把我們的身心妄想做到眞正放下。

　　做爲一個佛子，我們常常要在日常生活中去歷練，從歷練中體驗佛法的受用，再把日常念佛、參禪、聽經、聞法種種實修的力量去待人接物，以智慧和悲願自度度人，做到隨緣消舊業，更莫造新殃，任運自在，立處皆眞。

🍃 再回首，如夢幻泡影

　　達摩祖師的二入四行所教導的修行妙旨，對念佛、參禪、禪淨不二、顯淨密律……等一切行持，都有甚深的義趣。

　　二入分為理入和行入，入門雖有別，入室則無二。理入清楚的告訴我們：一切眾生都具有如來智慧德相，但因妄想執著而不能證得。行入則告訴我們如何下手修行，修行時要藉教悟宗，冥心入道。

　　在理上，指出我們清淨佛性本自具足、不被染污，處凡不減、處聖不增。然而不可顢頇佛性、籠統真如，必須在因緣果報、教理行證上次第循序漸進，不可霧裡看花，口說心不行，懵懂不知，以劣為勝，自欺欺人。

　　如何才能放下妄想執著？這就顯出修行的必要性，但是怎麼修？既然本心清淨不被污染、也污染不得，那又何來煩惱？何必害怕煩惱？煩惱的實相是空寂的，是因緣和合的假相，當我們攀緣執著、顛倒分別時才顯現。好比現在要你們放下兒女親眷、事業財產，什麼都不要管它，根本做不到。本來沒有煩惱，如果現在要你這樣做，就會開始起煩惱。

　　我們無法期待像佛一樣自在灑脫，是因為我們現在的心還是貪著五欲──財色名食睡，五子登科，樣樣缺不了。反觀佛陀未出家、身為太子時，五欲的受用不知比我們高多少，卻竟然放下嬌妻美妾、父母愛子、財勢名位去出家修行，行人所難行，忍人所難忍。

　　相較之下，我們的志趣何等渺小，有些人甚至會覺得這個人是不是瘋了？家庭這麼美好，擁有的一切是世間人想追逐都追逐不到的，他卻棄如敝屣。

　　世人常以為有錢的感覺真好，有錢能使鬼推磨，沒有錢才是最大的煩惱。佛陀則認清財色名利是煩惱的根源，必須遠離，知道這些東西不究竟，不值得去追求；而我們執迷不悟，身陷五欲的泥沼中，不想、也不願出離。這就是生死輪迴永無出期的真相！

　　再從我們人生的體驗來看，每個人在過去某段時

間都曾經歷過痛苦，當時認為苦的不得了，甚至都不想活了，但經過一段時間再回頭看它，好像也沒有什麼大不了。

　　大家都是從年輕走過來的，大多談過戀愛，失戀時真是苦的不得了，像台語諺語說「吃香蕉皮沾灰燼」，認為天底下所有最美好的都不見了，太陽雖然照常出來，世界卻是一片灰暗。景還是一樣的景、境還是那樣的境，可是心一苦的時候，這些情景都只是更增添你的痛苦。

　　去到碧潭，你就想起以前和她的恩愛；看電影，想到從前跟她來過；去 shopping，也曾和她一起逛過，如同台語歌所唱的＜中山北路走七回＞，詞句淒美哀切，令人心痛。

　　當事過境遷，再回頭時，只笑看自己「不輕狂，枉少年」，而對走過的青澀歲月投下一抹「再別了，康橋！」

　　佛法告訴我們：「一切有為法，如夢幻泡影，如露亦如電，應作如是觀。」認清有為法世間相的虛妄，覺知性體的本自如如，一旦具足了般若的妙慧，面對生命的逆境，因為有過真切的認知、身心也有實際的修持，就不會被逆境擊倒，就能面對它、接受它、處

理它、放下它！

　　達摩祖師的二入四行，正是用生命去實踐佛法，從實踐中體驗眞理。把眞理當作我們的眼目、當成我們的明燈，有明燈的照明、有清明的眼睛，即可步步踏實的往前努力，才不致盲修瞎練，好比要往台北、卻向南行，如同語錄中所說的「面南向北斗」，南轅北轍，離目的地越走越遠，永遠走不到，受盡辛苦也只是徒勞。

　　師父教禪修時，常用一個故事來說明：一隻狗整天追逐自己的尾巴，累得要死，自認爲辛苦又盡責，很期待主人的誇獎，哪知反而受到責罵。反觀另一條狗，一天到晚只是趴著睡覺，但是一聽到有異聲，立刻抬頭觀看，如果發現有什麼狀況，就會衝向前狂叫，於是得到主人的嘉賞。

　　這故事明示我們修行不可盲修瞎練，要明白著相起心的修行就是妄修，但是自己往往不知道如此修行是錯誤，還誤以爲是在修行。修行的目的是爲了放下我們身心的一切執著，結果你越修行人我相越大、分別心越強，我慢相形越高。

　　我們如果有近視，配上正確度數的眼鏡之後，就可以看得清楚；但若用錯方法，縱然用望遠鏡、顯微

鏡想要看清楚事物，卻只見事事不對、處處不好。

修行時，必須放下對錯是非、以及一切所知所見，萬不可自恃己才己能，一切都應聽從善知識的教誡，師父怎麼說，就老老實實去聽、本本分分去做。對所修的功德要能迴向，做到迴己向人、迴向菩提、迴小向大，成敗隨緣，任運而作，如此就不會掉在自以為有修行、覺得自己修得比人家好了。

修行應該越修越自在、越無所得，不會以自己的所知所見去批評人家不會修行、不懂修行，也不會去說別人不發心、不精進、不努力，處處挑人毛病。要知責人易、律己難！如同王陽明所說：「除山中賊易，除心中賊難。」

所以，要體悟清淨的佛性，必須從生活中去歷練，做到知行合一。行不離知，知有真行。這就是理入行入的不二！

🍃 因果不昧

人生有種種的苦難，包括生老病死苦、求不得苦、愛別離苦、怨憎會苦、五陰熾盛苦，眾苦迭生，天災人禍無時不有。面對這些苦難，不要怨、不要怪，不要怨老天、不要怨父母、不要怨社會國家，再多的怨

恨都沒有用，再多的不滿也改變不了既成的事實，爲什麼？造如是因，必受如是果，因果儼然，萬劫難逃。

從前有一個大修行人，人家問他：「大修行人落不落因果？」他說：「不落因果。」結果死後五百世墮落野狐身，幸虧遇到百丈禪師，他重問前話：「大修行人落不落因果？」百丈禪師回答：「不昧因果。」他言下立悟，頓脫狐身。

千萬不要以爲：人人本來是佛，與佛無別，罪性本空，何用懺除？就此否定善惡果報，修行未成即陷入斷滅空。或如世俗人的認知：到頭來終究逃不了一死，留下的臭皮囊，木柴一燒就變成灰，風一吹就什麼都沒有了，以爲人生的實相就是如此，而導致「人生得意須盡歡，莫使金樽空對月」、「有花堪折直須折，莫待無花空折枝」這樣的想法，陷入了即生的享樂，不管善惡道德的規範、或認爲善惡沒有眞實果報。

爲什麼從古到今很多奸臣逆子做盡種種惡事，不僅不受惡報，反而平步青雲、終生享樂？例如孔子時代有一個大盜名叫盜跖，活了將近一百歲，最後壽終正寢，而且妻賢子孝，子孫滿堂。

然而孔子最可愛的弟子顏回不僅早死，還是營養不良活活餓死，沒有偉大的事功、也沒有任何不朽的

著作，孤寡一人。但孔門弟子中，顏回是被孔子所稱歎的，「人居陋巷，一簞食，一瓢飲，人不堪其憂，回也不改其樂。」因其有德，事蹟萬古為人所歌頌。

古籍中很多忠臣孝子，往往都被奸臣逆賊陷害，受到非人道的殘酷刑罰。中國古代如果犯重罪，不只自己要被砍頭，甚至整個親族都會被株連，有殺三族、五族、七族、九族、甚至十族。

什麼叫夷三族？父族、母族及兄弟共三族。父族包括伯叔一輩，母族含及諸舅。五族則上擴及祖輩、下及子輩。在古代的夷族，男人十二歲以上都殺無赦，十二歲以下沒入官府為奴，女人則送入青樓為官娼。九族則擴及姻親戚；滅九族幾乎所有的親人無存，殺害之廣，牽連多及千人、萬人，殘酷莫過於此。

例如明成祖，從燕京（北京）起義攻打他的侄子，霸佔了自己侄子的江山。當燕王佔有國家後，找來當時很出名的大儒方孝儒，希望由他來寫檄文，告訴天下他不是篡統、而是清君側。事實上他是佔有那個位子，但是要美化名義，不然會得千古罵名。

於是他用財寶、官位犒賞方孝儒，但方孝儒不答應。皇帝非常生氣，他說：「你不肯，我就夷你三族！」方孝儒說：「三族有什麼可怕？你就是夷我十族我都

不怕。」自古以來都只有九族而已，沒有第十族，結果就加了學生這一族，全部跟著老師被斬首。眞的是很可怕。

方孝儒可以說是一個名正言實的大儒，但是這樣有氣節的人，竟遇到這樣的果報；而一些賣國賣家的大惡之人，反而享受榮華富貴。如果我們以天理昭然來講，這個天，公不公平啊？這在古代中國確實是講不出道理來。

司馬遷的《史記》裡面也有這些慨嘆。他也只不過是忠心，爲自己的朋友李陵寫了一篇文章上給皇帝而已，結果皇帝大怒，判他大辟，就是要砍頭。但他那時候還有一件事沒有完成，他祖傳的官職，歷代都是記載國家的史事，他爸爸司馬談生前寫的東西尚未完成，他接掌父親的位子以後，要負責繼續寫完，若被砍頭，這事就無法做下去，所以他忍辱偷生。

在漢代，被判死罪還有活命機會，一是可以用錢來買命，但司馬遷沒有這麼多錢，只能選擇另外一條路，就是受宮刑以免於一死。這對古代男人來講是非常羞辱的事，士可殺不可辱，古人認爲身體髮膚受之父母，連頭髮都不能隨便剪的。

然而，在佛法來說，不管是忠臣孝子、或是壞人

惡人，所遭遇的一切果報皆緣宿業，不能歸於天道公不公平。造如是因，必受如是果，因果凜然，昭然若揭，不是念佛拜佛、布施消災就不會有這些因果。

有些人拜佛求佛，總是祈求說：「求佛菩薩保佑我！保佑我身體健康、沒有病惱、沒有災難，子女賢孝，中狀元、做總統。」如果帶著一堆妄想求佛保佑，認為「有拜有保庇」（註：台語諺語），因此所求皆得順遂的話，佛祖就不公平了。因為任何人都希望他的子孫做大官，每個人也都希望無災無難、錢財花用不盡，不勞而獲。

除非是在極樂世界的淨土中，處處黃金舖地，就不必去挖黃金，不需要去堆積和佔有。沒有貪求心，就不會去造業、也不會受苦報。

以妄想、貪求的生滅心修行學佛，因為妄心不斷、分別心不歇，縱然天天拜佛念佛、吃齋打坐參禪，卻越用功執著越大、貪心越熾、貢高我慢越強，因此《般若經》說：凡有所求，皆是魔業。越精進努力，越跳不出天魔手掌。

獻水果給佛祖，心裡就求：「佛祖，你吃了以後要賜我健康、沒病沒惱，活到一百二十。」這些都是貪心，妄求功德福報。佛不貪求任何功德、也不求取

任何人的禮敬，如果以供品或禮敬作為賄賂，佛就不是真正的佛了。

佛以智慧慈悲，平等普度一切眾生，無緣大慈、同體大悲，濟度眾生出離種種苦難。如果拜他才給你保庇，那是民間信仰裡的神明，有燒香有保庇，不是佛教的佛菩薩。

佛陀以釋迦族的滅亡，告訴我們神通不敵業力。只要業因不亡，酬償必有定時，這是必然的因果法則，人人都無法逃脫自造業自受報。所以拜佛修行不可用貪求心，求佛保佑消業障、增福慧；只要以感恩、虔敬的心去禮敬，自然業障消除、福慧增長，自可感受佛菩薩廣大靈感的威神力。

所以面對生命諸般挫折時，不可心生埋怨、也不可求神問卜，必須從逆境中培養堅忍不拔的毅力、從困頓中成就悲心與智慧的道業，如此不僅可以消釋舊業，更可從逆因緣中學習承擔，在順境中也不致流於逸樂、增長惡業。

就像佛陀，修行成佛後，就沒有這些苦、沒有這些果報嗎？有吔！他至親至愛的老爸死了，他的兒子羅睺羅也比佛陀早死，還有身邊親近的大弟子舍利佛尊者和目犍連尊者都先他而去，甚至於，目犍連尊者

還是被外道亂棒打死的，而舍利佛尊者隨後也是身心
病痛而早死。

　　佛陀自己晚年也有種種病苦，甚至接近臨終時，
接受了一位弟子的最後供養，結果可能是惡性食物中
毒，因為那弟子摘到的是有毒性的菇類，佛陀是抱著
腹瀉的虛弱殘軀，一直走到雙林樹下去入滅。

　　佛陀都已經是天底下福報最大的佛了，有一次托
缽時，竟托不到食物，只能吃阿難尊者托來的馬麥。
馬麥就是餵馬的粗麥，當然很難吃。他甚至遭遇到自
己的弟子、也是親堂弟的提婆達多要害他，要來破壞
僧團。

　　像這樣有大福報、大功德、大成就的人，為什麼
連他自己身邊的弟子都感化不了？事實上，這種種一
切，都說明了眾生各有業緣，縱然像佛陀已經成就了，
多生累劫所造的業仍然要酬償有報。只要沒有消除，
都還要償還。

　　佛陀曾在路上看到路中央有一根刺，於是想遠離
它。平常佛陀走路，佛足是離地幾分的，奇怪的是，
當他想用神通避開這個刺，這根刺就跟著佛陀走，不
論他走到哪裡，刺就跟到哪裡，最後佛陀這腳步還是
得踏下去，一踏下去，刺就穿過他的腳。

佛陀有大神通，爲什麼連根刺都躲不過？因爲這根刺是他多生累劫所造的業，現在成佛了，仍然要受這個刺穿足的果報，要了這個業因。

我們平常人看到障礙就想躲避、或者想怎樣去遠離，佛陀就表現給大家看，就是神通力、佛力，都抵不過自己的業力。甚至佛陀一生中遇到的最大打擊，就是整個國家、整個釋迦族的族人都被琉璃王滅了。

一個人失掉國家，沒有國家的悲慘，是比失掉父母還要可悲的。我們現在有國家不覺得，但是像以色列，幾千年來他們的復國運動都沒有停止，造成現在以色列和巴勒斯坦人之間很多的衝突。爲什麼經過千百年他還要復國？因爲他們知道沒有國家的可悲。

佛陀沒有辦法阻止這些衝突災難，他頂多只能夠使琉璃王三次退兵，最後琉璃王又來的時候，佛陀也只有黯然神傷，無法釋消亡國之痛。

由此可知業的果報多麼可怕，生生世世因緣合會時，就必然會受這個果報，不要以爲我們修行就沒有這個。雖然修行脫不了果報，但是不修行就更脫離不了。

修行以後感受到的苦，就是對自己身心貪戀執著時才有的苦。像前面講的，叫你們不要家、放下兒女、

放下身家性命所有一切……，要是你們聽到這些話，
就會覺得不得了，嚇的都不敢來了。如果叫你們來到
我們玉佛寺念佛就不准回去、每一個人都要剃髮出家，
我想是沒有人敢來的。但是佛陀呢，他為什麼能成就？
因為他知道那些才是真正的苦，所以他當然要求究竟
的解脫，才能夠放下。

當身心沒有真正的智慧和修持時，一切苦都脫離
不了。可是當我們有修行、有真實體驗的時候，你就
會知道，這個苦並沒有真正的實相存在，只要這個緣
一過，就是過了；不要在緣上起執著，把它當成究竟
實有，然後即此顛倒的妄執上又對種種境界起妄想，
如此妄因又產生妄果，妄果又成妄因，那就一直妄、
妄、妄下去，沒完沒了！

相由心轉

一切諸法是因緣和合的，和合的時候要還這個果
報；但是當我們心不執著時，這果報馬上就過了嘛。
所以大修行人並不是不落因果，只是不昧因果，當因
果來臨時，身心已經有所準備，有真正的定慧力了。

當你有定慧力的時候，煩惱、執著、種種的一切
就會隨著你的因緣去消除。不僅業果報會消除，就連

身心也會因為努力修行而改變，這就是一種修行的感應力量。我們常常把神奇不可思議的狀況當作是感應，但是它不是神通、神妙的，它的不可思議只是沒辦法用語言文字去形容，它是我們經過真實的修行以後，身心上的一個轉變。

那個業果報裡面所具足的因緣，已經在你修行的過程中轉變了，所以它的果就不會變成那麼苦、那麼嚴重的果，就是重罪輕受。不是佛陀替你重罪輕受，是你自己修行以後，裡面的因緣果報改變了，就變成重罪輕受、甚至於輕罪不受。

這裡的「不受」，就是當你具足了修行、有身心體驗時，苦就不覺得苦了。大多數人，當心有痛苦，或者妻離子散、或者生老病死，就把它當作非常大的災難，但對佛陀來講，這只不過是生命的一種現象罷了，而能夠很坦然的接受它。

所以當因緣條件稍微改變的時候，其實業果報也跟著轉了，這並不是去拜佛、求佛得來的，而是因為跟隨著佛的教誡去轉變自己的身心，放下分別執著以後身心開朗。這樣的緣一改變，因也跟著受影響，當然果報也就隨之改變了。

我們要了解，因緣和合而成的東西，並沒有實際

的罪相。當下就觀照，一切的罪由心所造，心若空時罪亦滅，一切的苦、一切的災難都不是永遠存在的。

　　只要提起智慧來觀照，並從修行裡去落實觀照之後，當一切苦難來臨時，就不會再變成苦難了。我們心無礙的時候，這些苦來臨也就不成為苦。

　　從前家師對我將往生的弟子說，癌症的痛的確很痛，但這個痛是可以減輕的，我們只要把自己的意志力用在方法上，到最後身心相了不可得時，這個病痛相自然影響不了你。倘若沒有真正的用功，就感受不到了。

　　自己用的法門，例如念佛、數息、默照、參話頭，當真的用到身心俱忘時，就沒有身心相可得，所以境緣來時，那個苦就不會有一個身心相的人去執受它，那個苦就緣不到你。

　　我自己的身體常常有些病痛，像我去動鼻子手術時，醫生拿著很小的鋸子一直在我的鼻樑頂上慢慢的刮、慢慢的鋸。

　　即使有打麻醉劑，但不是全身的麻醉，只有鼻子這一塊而已，所以人還是清楚的，而且麻醉的份量會慢慢減弱，在割的時候，麻醉劑的藥性沒有到達的微

細神經還是會感到痛。

很痛的時候，如果哭叫，醫生反而更難進行手術，可能只好給你全身麻醉，但是全身麻醉對我來講並不適合；即使只有局部麻醉，要是沒有辦法忍受手術的痛，也只有加重劑量，這對身體的復原、或是對手術的進行都不是很好，所以醫生用的麻醉量並不是很大，他幫我鋸的時候還可以跟我聊天。

在這兩三小時裡面，我就是用佛法的觀照使自己身心不起分別，結果這個痛真的就沒有了。運用這個方法，你就可以承擔痛苦，而且是清楚的，咦～是有一個痛在，但這個痛好像跟你不相關、或者有相關也能接受。這和沒有修行、沒有用方法的時候是完全不同的。

像我在半身麻痺以後，身體一半的部位是麻痺的，但是另外半邊反而顯得特別敏感、特別脆弱，稍微一點點的身心外相、或者外物侵入的話，就覺得特別痛、特別不舒服，這些都是用佛法安然度過的。

虛雲老和尚在文化大革命時，紅衛兵為了逼他交出黃金、財產，無情的用棍棒逼打一百多歲的老人家，也不放過老和尚座下的弟子及侍者，那些侍者也都是七、八十歲的老人，在棍棒交打下，好幾個侍奉他多

年的弟子被活活打死，老人家也被打到吐血。紅衛兵摸他好像斷氣了，這才離開。

結果，經過三天的不省人事，老和尚竟然醒了過來，而且身體馬上恢復，骨頭也沒有斷。一般年紀這麼大的人受到棍棒齊加，骨頭不知道要斷幾根，命都會被打掉，可是他都沒有，為什麼？因為他利用禪定的工夫，就像《楞嚴經》裡面講，修行到很好的時候，就是刀砍在身上也沒有什麼感覺，甚至刀砍你的腦袋，也不會有任何執著。

＜普門品＞中也有稱念觀世音菩薩就「刀尋斷斷壞」，要被砍腦袋的時候刀就斷了，官吏就認為你有悔改心才會如此不可思議。以前官的權力比較大，既然有這麼不可思議的事產生，他就會恕犯人無罪，若自己不敢判也會呈報上去。有神蹟顯現時，這個人大概十條命有九條九會回來。

稱念觀世音菩薩為什麼有這樣的力量？為什麼能使刀尋斷斷壞？就是由於我們身心的努力，使得五蘊（色受想行識）起了很大的變化，尤其是色蘊上面的變化，會使自己的身心變成或像草木、或像無形質的空靈，不會受到外物的傷害。這不是神奇的事，而是指自己修行以後身心的轉變，是一種心力的成就。

報怨行，除了因果不昧以外，還要知道一切罪性本空，所以不要執著它是永遠實有的，只要心改變，因緣就改變，相就跟著轉了；相由心轉的當下，罪就不在了。這就是報怨行的第二個積極意義。

般若智慧的力量

第三個積極意義，就是藉著這樣的境來歷練自己的認知，尤其是理入的正知見，要經過生命實證的考驗，去體會這個真理是不是真正的真理。也就是說，在境裡面學會如何去承擔，學會用方法來照顧自己的身心，成為有根、有力的真實修行。落實之後，智慧就能夠從六度的根本智，變成方便、願、力、智的入世度生的後得智。

般若智為什麼能夠產生願、產生力，能夠生種種方便善巧？慈悲願力的產生，其實都是從智慧相應來的。為什麼能夠起這樣的相應？就是在生活遇到逆境實際的考驗，學會了承擔、學會了用佛法來消融自己。

要消融自己就要從空觀入，例如一切因緣和合，知道心性本空，不執著它，當下就是空觀的智慧；又知道因緣果報如幻假，必須要受，這就是假觀；又知道當下這個罪性本是空的、本沒有的，而且心性是本

自如如的，這就是中道觀。

　　藉著報怨行能夠涵養陶練我們的身心，使妄心成為清淨心，再從清淨心的歷練裡開展出真正的妙智慧。報怨行裡面就具有一切智、道種智、一切種智。理入教理指導以及行入的報怨行，皆能契合這三智，使我們圓滿菩提道的修行。

空觀的智慧

　　要知道一切諸法是因緣和合的，煩惱與罪性不是永遠存在的，只要心放下一切執著分別，當下這個罪就不存在了。由心來造，也由心來滅，這就叫空觀。

　　知道一切諸法的實相是因緣和合，沒有自性，這就叫無我的妙慧，也就是得到般若的空性慧。雖然知道一切是因緣和合，但是它有如幻的假有，造業就要受果報，這個果報不可逃也不可躲。雖然不可逃、不可躲，但應該藉這個境的歷練，使身心加強韌度，將它涵養得更廣更深，再從這個涵養裡鍛鍊出生命的覺醒與智慧。

　　是不是我們通常要經過一些苦難，才會產生出真正的慈悲？舉個簡單的例子，你沒有經過病痛，會知道病痛的可怕嗎？當你去關懷有病痛的人，講出來的

話可能只是虛浮的表面關懷而已；如果你經驗過這種苦，你一句話馬上就跟他相應了，他立刻心有戚戚焉：「對！你所體會的一切跟我一模一樣，就是這樣子。」你的經驗就能夠分享給他，他也能從你的分享而走出來，這就是真正的慈悲、真正的智慧。

假觀──藉假修真

以前我們經歷過許多苦難，所以知道生命的可貴，我們也經歷過很多失望和打擊，才真確體會到修行是非常真實而需要的，這才覺得修行和佛法的可貴。

經過修行以後，更體會到三寶──尤其是佛菩薩、還有自己的師長對我們的恩德。無論是悲心、願力、慈悲、智慧，都是因為有各種的逆境，使得我們更昇華、更廣闊，所以不需要害怕這些苦難的來臨，苦難正是使我們成長的最好機緣。

佛法常用蓮花做比喻。蓮花的根埋在淤泥裡，就是在五欲塵勞裡，離開了五欲塵勞就沒有蓮花的清香；雖然它在五欲塵勞裡面，可是一點都不受影響。塵埃黏在我們身上都會結成一團，但是雨水潑在荷葉上，它不必搓、也不必揉，馬上就乾淨了，連塵埃也沾不上。所以，內心清淨，一切煩惱污垢就不能著根。

如果能藉境來涵養自己的智慧和慈悲願力，不躲避它，藉假來修真，藉這個逆境來成就我們的悲願，這就是修假觀。

中道觀

真正的實相，是一切法當下是自在的、解脫的、如如的。不要以為有實際的這個業障，業障的當下就是真正的解脫。離開業障，沒有真正的解脫；離開凡夫，也沒有真正的佛。

所以一切諸法本來都是清淨解脫的，不解脫的原因是你的心落在分別裡面，一念不覺就變凡夫，一念不覺就有種種束縛。當下直觀一切諸法，本來如是，本來就清淨無染，這就叫中道觀。

所以一切法都是如如的，法住法位，自在解脫的。如何修才能夠離煩惱？如何斷才能夠了煩惱？其實都不需要，只要能夠放下就可以！

報怨行裡面，正知見是理入的落實，以正知見作為行入的指導，就不會盲修瞎練、繼續掉在苦裡面受苦；有行入的真實歷練，就使得理入的觀念變成生命的實證。只要聽得懂，其實一個報怨行就已經包括所有佛法了。

【修行的叮嚀】

做真正的活人

　　雖然這是第一次舉辦念佛禪，而且大多數的人、包括我自己，也都是剛學習來的，但是發現用這種方式大家的身心狀況都很投入，甚至比我們單一打坐或者單一念佛更能夠攝心，更能發揮身心的力量。

　　以前的禪七或佛七，不論在禪修或念佛止靜的時候，許多人很容易打妄想，不然就是昏沉瞌睡，尤其下午這支香，大家更是喜歡找周公聊天。而且經過整個早上的念佛及下午的出坡後，體力消耗很多，應該更容易引起昏沉，但是用念佛禪的方式，卻能把念佛和禪修運用在一起，在動中體驗修行，反而更容易覺照身心，因為身心籠罩在佛號聲中，自然不向外攀緣、分別、計較。

　　真正的靜相，並非是排除外面的干擾或是無外境才能靜心用功觀照，事實上，身心的妄想攀緣放不下，才是難以得靜定的主要癥結。

　　當我們一邊小跑步一邊念佛，專心一意念到身心內外不起分別、也不對外攀緣，內心反而更加安定。不管身在動、嘴巴在念、心在知、耳在聽，乃至於外

面的聲響與種種狀況都存在，但是我們不去分別，當
下一切就自然息滅，自然就安定下來。這時可以體會
心不攀緣時的一種安然、自在、清明，體會到心的清
淨相與不生滅相。

這些心的功德相，只是一種身心定時所呈現出來
的現象，千萬不要把定當作什麼都不曉得，那就變成
木頭人了。又不是小孩子玩「一二三，木頭人！」我
們做木頭人是沒有用的，要做一個真正的活人！真人
是對境了了清楚，但不加以分別執著，那才叫做真正
的活人。

透過這樣念佛的攝心，使得自己沒有妄想雜念時，
一聽到「停！」，突然身心呈現一片清明，無身心相
可得、也沒有山河大地的隔閡。在那種狀況，你當然
知道是存有，但是不去分別，所以它不再是一種障礙。
此時心境處於不思善不思惡、無念的狀態，這時候你
被問道：「念佛的是誰？」一問的當下，如電光石火，
不假造作，沒有遲疑，立即反緣自己的清淨心：「到
底是什麼？」在那一瞬間，若能緣到自己真心，所謂
不生不滅的清淨本心，即是親證生命清淨的本體，亦
即是見性成佛。

參禪所謂的逼拶，就是要把所有的妄心、分別心，

在專一至誠的疑情下，讓身心進入到不僅是集中、而且到達統一，甚至最後連統一相都不可得的狀態。此時直緣自己的清淨心，發現沒有身心相可得、也沒有心緣相可得，這時候，一切都無所得，真正的清淨本心就會豁然現前。

一切都無所得，如《楞嚴經》所說的「虛空粉碎，大地沉淪」，若能見自真心，心地頓時豁然，好比大地沉淪、虛空粉碎的氣勢！大地為何會沉淪？虛空為何會粉碎？這不是大爆炸喔，如果是這樣，你就不知道要逃到哪邊去了。它只是描寫我們與生俱來的所有分別執著，在頓時滅除不見之時，真心同時豁然現前的狀態。

反聞自性

不管你用念佛還是參禪，都不要掉入死水般的境界。很多人念佛，念念念，念到空掉了，心都沒有任何作用，只是在一片安定、輕安的受用上，體會到身心無煩惱之後的暫時安定。也就是說，我們六識具有的分別功能、與六根觸及六境時都不再隨逐攀緣。

但是不要自以為這樣的修行很好，其實這只不過把第六意識暫時的伏下來而已，不要妄認此時修行得

到真實利益了、一切妄想都不見了。這時候身心也感到自在、輕安、光明的覺受，有些人以為這就是見性，如此反而容易出問題。

念佛禪並不是死呆的坐在那裡，而是讓身體進入和諧的律動，在此律動之下，不落入動態中追逐妄想，反而在動中能體驗不動的本性，即所謂身心處於不分別的狀況。在此身心不動的狀況下，去參究「究竟真實不生不滅的東西是什麼？清淨的本心是什麼？佛是什麼？」，本來第六意識很容易起分別，但此時已遠離一切的分別計較。

持續這樣的念佛、或經由話頭一直逼問，直至所有的身心相都不可得，此時一念提起來，即是清淨心的妙用，也就是妙智；就用這個妙智，反緣自己不生滅的性體，也就是「反聞自性」，反轉過來照見本自清淨的心。

人要死的時候叫迴光返照，其實「迴光返照」是我們禪宗在修行用功上的一個方式。「光」指智慧，「迴光」，就是生起我們的智慧，再向內觀照不生不滅的清淨本心到底是什麼？

平常我們是用識心在分別、思量、攀緣，用此識心永遠不可能究明不生滅的真心。念佛禪跟參禪的逼

拶相似,它是一直讓我們的心起作用、又不掉在生滅相的作用上,只是起慧照作用,這時你反緣自己清淨的本心,就很容易見到自性的彌陀是什麼。

直緣真心，圓修圓照

許多經典都教示要用真心——也就是不生滅的清淨心——作為修行第一念的因心，依此因心起圓修的圓照。

什麼是圓修？就是不掉入分別計較、妄想執著，一切都能放下，單提觀照的作用。

什麼叫圓照？就是不掉入到諸法的妄相上面，知道諸法當下是究竟的、是解脫的、是不生不滅的。

例如念佛，清清楚楚的念，明明白白的知道，這就是圓照的念，也是智慧的應用，這樣叫做圓修；就是起圓照的力量，緣「自己清淨本體是什麼？」去究明它，這就叫圓修。這樣的修法，才能很快圓滿證到自己本來清淨的性體。

從本自圓覺的本覺（或名自然智、無師智、自性清淨心、真如佛性），經過觀照智的運用，叫始覺（或名後得智），再繼續從生活中去體驗落實諸法實相，最後跟本自清淨的本心相應，這就叫究竟覺（即圓覺）。

任何時刻，我們都要以不生滅的本心——亦即不離清淨的真心——來稱性起修，時時返照自己的清淨

本體，這樣子的修行才能夠彈指圓成。如《楞嚴經》所說，頓超一切階位，彈指之間頓時圓成。為何不立一切階位能夠頓成？因為我們本來具足清淨的真心，只是有妄想執著而不得受用。

依照漸次的方便法，逐一斷除妄想與執著等煩惱，這種修行須經三大阿僧祇劫，為什麼？因為是從識心用功，須歷經長遠時間，吃盡無量苦，方能離苦出苦，苦盡甘來，惑盡情斷，智現圓明，才能成佛。

若緣真心用功，真心本來就圓滿具足，是不生不滅的，從不生滅心起作用，就不會落入分別對待裡。直緣真心修行是很重要的觀念和方法，這樣才是真正的實修。

真參實修，如果離開清淨的真心，掉在身心相上的執著或追求，甚至以此執著心修六度萬行，都叫魔業！能夠依真心為本修因，時時刻刻稱應性體的觀照力量來圓照一切諸法，不管照到的是什麼，包括能照的心和所照的境，它們本來都是清淨的、本來都是如如的，諸法各住法位，彼此都沒有障礙。

為什麼會成為我們的障礙？因為我們心有所攀緣分別，所以一切就成為障礙了。例如有一個美女在眼前，若心不攀緣，像三歲小孩看到她，只會覺得漂亮

而不會起欲心，若是一個逐色很深的男人看到那美女，哇！不得了！立刻被她綁住，就變成著相，心起生滅。

所以，「相」會不會綁人、障礙人？其實一切諸法都不會束縛或障礙人，但是當你的心起了分別、計較、執著時，當下的這個法就成為生滅法，就變成障礙了。生滅法就是生死流轉法。

阿難尊者在《楞嚴經》中說：如果我這個能夠分別的心，具有領納、了知、推度等諸多功能，卻不是我的真心，那我就變成沒心。沒心如同草木，那怎麼辦？像我看到佛的莊嚴才來發心出家，我以自己最真誠的心作供養、侍奉佛，甚至發大願修行度眾生，這種種一切不都是這一顆心？如果我去造種種魔業，也同是這一顆心啊！怎麼不是這一顆心呢？如果不是這顆心，那不是同於無心的木石嗎？當他被佛陀一頓訓斥後，就嚇得不知如何是好。

同樣的，我們每個人都把識心與生死、生滅的妄心當作真心，並以它來用功，結果這個妄心虛用的工夫，不管怎麼努力都是掉在身心的生滅相，修行很難成就。

所以大家要遠離這些，專心一意地念，知道、清楚地念，不掉在分別、計較、種種覺受裡面，這就是

稱性起用。不要一面用功一面想：「嗯～等一下阿彌
陀佛會不會來到面前？人家說念佛的時候阿彌陀佛會
出現、會來摩頂，甚至念佛到相當的程度會變化出不
可思議的景象……。」

　　你一面念佛一面這樣想，這就叫妄想心、生滅心，
這不是眞心。眞心是不生不滅的心，不隨外面的境、
也不隨自己的身心相作生滅的流轉。不流轉、不生滅
的心才是眞正的心。

　　我們起一個觀照之後，就只知道這樣地念，在這
裡面沒有是非好壞與得失的分別，就這麼老實的念下
去，念到你的身心自然空掉、妄想也空掉。不要去想：
「我的妄想什麼時候才能空？」工夫深的話，繼續念，
妄想自然就空了，自然身心相就不可得；到達所有相
都不可得，眞正的實相就現前了！

　　不要用自己的心去推度：「無相修才叫最高明，
所以拜佛的時候要無相。」就觀照自己的身體是空的，
什麼都是空的，空掉一切。這樣的用功是用緣慮心來
思索，縱然可以緣到，但緣到的非眞心，緣到的也不
是眞正的實法，因爲這仍是用識心攀緣得來的。千萬
不要想：「佛到底長得什麼樣？佛的智慧多深邃、慈
悲如何廣被？佛的三十二相是怎樣？」縱然你都可以

想得出來，但絕對是差得十萬八千里，可能一點都不像、沒有一個地方是眞實的。

放下生滅心

經教一再告訴我們，離一切分別，當下就是究竟。因爲所有的妄想、煩惱，都是自己去分別它的，一切法的本質其實都是因緣和合的，包括你現在認爲的佛也都是因緣和合的，不要認爲有一個法實存。

因爲佛陀證悟一切諸法本來就是因緣和合，沒有自性，而無自性並非斷滅，若斷滅則死後什麼都沒有，這些想法是落在自己身心相上的妄覺。如果這一個念頭不能除掉的話，那所感受的一切永遠都會著在實有，山河大地實有、身心實有、什麼都是實有；得不到的時候就叫空、就叫滅、就叫壞、就叫敗、就叫死，我們就掉落在原來的虛妄分別裡面。

其實一切諸法沒有所謂的解脫法、也沒有所謂的生滅法，一切境界沒有好壞，一切的相也沒有好壞，一切的法也沒有高低。其實都是眾生有業染、有煩惱分別的時候，佛陀爲了度化眾生、去除眾生的病，所以給出種種不同的藥。

這些藥是爲了治病，病治好後就不必再服用了。

如果能放下對身心的執著、我見，見到眞正的眞心時，一切的生死、顚倒、恐怖，自然就沒有了。

爲什麼說若一日、若二日念佛，有人能夠一心不亂、正念相繼，念到若七日，達到念佛三昧時，將來臨終可以見佛來接引，死的時候不會有任何的顚倒、貪念、病痛？不要把「病痛」當作是我們身體會老、會生病的那個病痛，眞正的病是你的妄想、顚倒、執著！

身體上所謂生癌、生病，都只是因緣生的一個法而已，要是我們了解，根本不會把它當作實有。爲什麼大家畏怖生死、希望解脫，畏怖煩惱、希望得到菩提？其實這都是用生滅心在體驗、感受，甚至於害怕到起心動念都想要追求不生滅的境地。起這樣的心、動這樣的念，都叫生死心，用生死心來用功是永遠得不到的。

希望大家念佛就從頭到尾老實的、眞心的、沒有分別的念，就像佛陀講的要放下，放下一切外緣、一切身心的分別、一切身心的覺受，放下對諸法的貪念，放下種種一切，放到無可放的時候，眞正的清淨心就顯現了。眞的就這麼簡單，大家只要用功下去，一定能得力！

須菩提托缽

《般若經》有六百卷，在般若會上，須菩提是主要的當機者。佛陀叫須菩提為大家講般若的大道理，須菩提說：我不見有須菩提，我不見有這些菩薩，我也不見有什麼般若法可說。那到底要我對誰說？要我說什麼？

佛陀回答：就是因為沒有須菩提，就是因為沒有這些菩薩，就是因為沒有這樣的般若法，所以你須菩提要對這些菩薩來說這些般若法。

《般若經》開宗明義的就告訴我們，雖無一切法可得，但是就是要一無所得來行，這才是真正的般若！所謂色即是空，空即是色，色不異空，空不異色就是這樣子，並不是斷除掉什麼、去得到一個什麼以後，才叫做究竟的涅槃。

在般若裡面，色的當下就是空，一切諸法當下就是空寂的；因空寂故，一切諸法得以圓成。以畢竟無所得故，菩提薩埵。若有智、有所得、有什麼東西的話，不叫做真正的般若智慧。

尊者須菩提去托缽時，喜歡托有錢人，另外一位尊者迦葉則專托窮人。佛陀說過托缽應該以平等慈來

托，他們兩位都是佛陀的大弟子，一個專挑有錢的去托、一個專挑最窮的。你要把三餐不濟的窮人唯一的食物挖一口出來，當然會引來眾生的譏嫌，但是專門去找有錢人托缽，也會引起譏嫌。

我在馬來西亞教書的佛學院是有點國際性的，裡面有馬來人、泰國人和印尼人，而當地的華人寺廟如果有弟子要唸佛學，也會送來這所學校。有一次，我的一個泰國學生問我放假要不要到他在泰國的常住去走走？我想也好，去了解一下。

那時候的曼谷不像現在這麼大、這麼亂，人口也沒有這麼多。早上大概四點多，我從那個學生的寺廟出來——與其說是寺廟，其實跟早期台灣的齋堂很像。

什麼叫齋堂？就是到了適婚年齡的姑娘不結婚，到寺廟裡吃齋拜佛，這樣的修行人叫齋姑。她們會蓋佛堂，但這些佛堂都蠻辛苦的，因為她們不是出家人，所以沒有人供養。

那齋姑的生活怎麼過呢？泰國有很多中國潮州人，在人往生時喜歡燒糊靈厝。我看她們的師父和寺裡的人，大概天天都是做靈屋拿去賣，換一點錢，生活是蠻苦的。

我學生的寺廟在老街的市中心，有很多出家人在

清晨去托缽，他們都是依次排列到各個地方去托。有一個地方人最多，就是玉佛寺，你們有沒有看到玉佛寺有很多人來托缽啊？哈哈！（註：果如法師這場開示是在台北中和玉佛寺進行），這是泰國的玉佛寺，是泰皇蓋的家廟，裡面有一尊約半尺寬的佛像，全部由翡翠雕成，是無價之寶。

玉佛寺蓋得好莊嚴，不管是偏殿或是任何一個小角落都非常莊嚴。寺外有幾百個出家人，而供養的居士們開著卡車或私家車大排長龍，都是供養烤肉排、烤魚排，出家人走過去的時候，身子就會放低，以方便居士供養，每位出家人都可得到一份肉排或魚排。

所有有錢人都往那邊集合去作供養，所以那邊供養的東西最好，出家人也都往那邊去。如果想要看幾百人一起托缽的情景就要去玉佛寺，清晨超過五點以後就看不到這種盛況了。

泰國出家人是托缽的，他們不是吃素。泰國人家裡如果有婚喪喜慶、或是要蓋商業大樓時，就要供僧，有時會請出家人到家中來供養，但大部分是自己煮好去供養。泰國人不喜歡吃湯湯水水的東西，他們喜歡吃炸的，炸得香噴噴的魚排、肉排，就一卡車一卡車的運去供養。

　　本來我也穿著他們的衣服，拿著一個鉢──那個鉢差不多比我們的磬小一點，所以要用背的。我排到那邊一看，供養的東西我不敢去接，轉身就走。

　　他們出家人托鉢很有威儀，身體站得直挺挺的，眼睛也不亂看亂飄，在行列中都是保持清淨嚴肅，讓人一看就會起恭敬心。幾百位在家人都是那麼恭敬，有些人甚至跪下來一個一個供養，不過都是男眾、沒有女眾，因為南傳的女眾不可以直接放食物在出家人的鉢裡面。

　　如果出家眾直接從女眾手上接過任何東西、甚至衣袍甩到女眾，那就是犯戒，哪怕可能只是千分之一秒，回去以後也要說淨，僧自恣日的時候，初一、十五，每半月有讀戒，這位比丘就要起來懺摩，很嚴格的。

　　我去參觀這間大寺廟時遇到很多觀光客，他們在拍照的時候，通常不會去注意身邊站的是什麼人。那天有一個男居士和我在一起，可是他的態度不得了，只要有女眾稍微靠近我，還三尺遠他就把人家推開，說句老實話，我們北傳的也沒有這麼在乎。

　　如果推到華人或亞洲人，大家比較不會在意，會知道他是為了保護師父，但是推到西方女眾，她馬上

很不高興，瞪了他一眼，那位男居士不會說英文，無法解釋。我最初也問他爲什麼這樣推？他說：「我們這裡遇到穿著黃袍的出家人出來的時候，所有女眾都要讓開三尺遠，不可以靠近。因爲外國女眾不曉得，一直在拍照，所以把她們推開。」

結果弄得我也好尷尬，因爲我也是觀光客，我也是第一次看到他們的金佛，整尊都是純金做的，比我高好幾倍，好莊嚴！那位男居士也替我拍照，站在最好的地方，旁邊還不許有別人，當然外國人不買這一套，但是亞洲人、尤其是泰國人，看到出家眾一定是讓他在上位。

進殿堂時，居士都在底下禮佛拜佛，只要是穿上黃袍的比丘就能直接往上位去；上面沒什麼人，一點也不擠，可以慢慢的拜，其他一堆人擠在底下拜，有時還插不進位子。出家人在比較高一點的地方，有專門一道線隔開，居士們都知道不會去越過線。

寺廟的管理員看到你是穿黃袍的出家人，一定恭敬的引到上位去拜佛，其他人都不可以到那裡。進到裡面拜佛，佛像就離你不遠，可以慢慢瞻仰，而居士就和佛像隔了一段距離。他們對出家眾和在家眾之間的分界蠻嚴格的。

　　前面提到須菩提和迦葉兩位尊者托缽，越佛慈濟，沒有做到不分貧富、平等乞食。向有錢人托缽時，旁人就會想：「這個人出家了還受不了苦，專挑最好的地方托缽，盡往那些有錢的地方去，貪著權貴嘛！」因為須菩提本身也是權貴人家的子弟出家，所以這樣做是不是會帶來譏嫌？

　　迦葉則是專門向窮人托缽，人家會覺得：「那個窮人好不容易有一餐、或有一口飯吃，可能好幾天就化到這一口，可是你還要從他口中搶奪這食物。出家人隨時隨地都可以托得到，為什麼偏偏要找這個這麼難才能得到一口飯吃的人？」

　　這兩種都會引起人家的誤解，所以佛陀在《維摩詰經》上說，維摩詰居士對這兩位尊者很不客氣的喝斥。

　　維摩詰對須菩提說，修學佛法，心要平等，心平等故，於法也才能夠平等。於法平等，對吃的東西也才能平等。能夠做到平等心看待食物者，才夠資格來托缽乞食；如果不能達到平等心，就違背佛的教誡，不夠資格托缽。這是第一點。其次，他說，不要以為人家供養你有福德，供養你的人都要墮落到三惡道。

　　須菩提本來是解空第一，被他一喝斥，心神都呆

了。他本來拿著缽要進維摩詰居士的家托缽，被罵以後，他把缽放了，心茫茫的不知要去哪裡，轉頭就要走。

於是維摩詰又進一步跟須菩提講，不要心慌、不要意亂，缽照樣拿起來托，一切諸法都是如幻如化。我現在用這個法來對你說，結果你就認為自己的身心有過失，所以現在不知如何是好，對嗎？

其實，你只要了解，一切諸法不管是人還是這些法，都是如《金剛經》所說的「一切有為法，如夢幻泡影，如露亦如電。」就好像佛陀化成一個化人，變化出來的那個化人，人家若指責他說你這樣不對、那樣不對！變化出來的那個化人會不會覺得傷心難過？

意思就是說，只要對境不起分別、不起攀緣、不起種種的對待，我們就跟佛陀所變化出來的化人一樣，是不會引發情緒的。所以維摩詰叫須菩提觀一切法當下是空寂的、如幻化的。維摩詰對迦葉也是做這樣的呵斥。

如果對諸法不能體會它的實相，而落在有身心相可得，認為自己有煩惱、有障礙，想從修行上面去斷除這些煩惱、去除這些障礙，希望自己可以從凡夫變成解脫的聖人。這樣想就已經落在身心相上。又認為

有一個法是出世的大法、有一個法是讓我們生死輪轉的法，又把一切因緣和合的法當作是實法。所以不僅落在身心的相、又落在一切法的實有，這樣的人能不能解脫？當然不能。

希望大家要清楚明白，修行千萬不要落在有所求、有所得上，這樣就是著相。要能夠以理入的正知見，在行入上面去驗證。

第一個報怨行，要以正確的智慧觀照，觀一切的業都是因果，所以都是假有的；雖說假有，但一樣要受報。那麼，究竟的實相是什麼？是因緣和合。只要心不取於相，心空罪亦亡，那個罪相也不可得。這其中就包含空觀跟假觀。

當下一切諸法是如如的、是解脫的、是自在的，沒有所謂的解脫法，也沒有所謂的束縛法，什麼都沒有，一切的對立分別都沒有，諸法各住其位、各安其所，諸法從本以來就是清淨的、就是不生不滅的，這就是真正的實相，這就是第一義諦法，就是真正的實相大法，就是真正的中道。

達摩四行中的第一和第二個都叫做因緣法，從第一個報怨行就可以學到要用理入的觀念來指引自己，不要掉落在事相裡面；對一切境界——尤其是身心的

苦惱、病痛、障礙等境界作觀照時，馬上就可以出離苦，同時也能夠在這個苦上去成就更殊勝的體驗，也就是後得智，從般若裡面產生願、方便、力，產生更深的智慧。

　　爲什麼叫做「報怨」？指的是當我們處在逆境裡面，處在不順的因緣、橫逆的境界時，會產生怨恨不滿的心，報怨行就是如何對待這些怨。「報」就是如何來對待種種不順的因緣，怎麼樣從這個不順的狀況裡活出生命的眞義，這就叫報怨行。

2、隨緣行

　　達摩二入四行中的第二個是隨緣行。其實這是指怨的另外一面，也就是你一切都太美好了，榮華富貴、五子登科什麼都有了。在這樣的狀況下，很多人都會自我膨脹，以爲這個家庭或者企業欠缺他就沒辦法了，他就自認爲是家裡的樑柱、是世界的擎天崗。

　　這些其實都是我們在順的境界裡面，自己不了解諸法的實相而自我膨脹，這很容易出差錯。尤其是世間的五欲塵勞，你慢慢得到了以後，更是目中無人、不可一世，就很容易從這裡造作更多惡業。

　　像從前的國王，有的一發怒就是血流成河、浮屍

千里，那多可怕！所以當自己有所成就時，不能隨順
諸法的因緣，而沉溺迷失在權利欲望的成就裡，這樣
就會造作出可怕的惡業。

達摩二入四行告訴我們，這些只不過是因緣和合
而成就的，不是你個人的了不起，不要自以為是！

我小時候以為「總統」一定是跟「蔣」合在一起
的，就是只有蔣總統，不知道還能有別的總統。現在
你們覺得很好笑，可是我們當時眞的是這樣子，不知
道總統還能有別的，也認為蔣總統很了不起。所以當
自我膨脹的時候，周邊來的阿諛就會讓你更迷失了，
這是非常可怕的。

所以在修行上來說，如果在怨的境界、不順的境
界裡面，反而可以讓我們進道，藉著逆緣來成就我們；
而在順的環境裡就太難成就了，所以叫「富貴修道
難」。種種條件太好的時候，我們的自我意識就會凌
駕一切，甚至你都認為自己腳一蹬，山河大地就跟著
顫動，以前皇帝就是這麼認為。這樣的思想眞的是很
可怕。

不迷失於順境

我們如果遇到順的環境時，在修行上要怎麼樣才

合乎佛法的實相，也就是跟理入來配合？

隨緣行，以理入的方式來作觀照，就是當你在稱、譏、毀、譽、利、衰、苦、樂八個裡面——四個是順的、四個是逆的，逆的就不講，我們講順的——例如人人都稱讚你、拍你的馬屁，甚至你的癲癇頭兒子人家都認爲最好看，你放出來的屁都是香的，這樣的人多的是，像這種過份的稱讚就是「稱」。

或者是讚揚你、歌頌你：「總統蔣公，你是民族的救星……」，可能很噁心話的都出來。當然他有他的偉大事蹟，我們當然要還他對民族國家和抗日的功績，但是不必把他當神來讚歎膜拜，認爲他的一切都是對的，那就不盡然正確。

往往當你有權勢名位時，這些讚歎就會超過原來的一切，然後就會生活在那一切讚歎裡面，就不會反省自己，就跟眞實的人生脫了節。而且被拍馬屁慣了以後，其他的話都聽不進去了。

爲什麼古代很多忠臣都死得很慘？就是因爲皇帝被阿諛慣了。像明朝有的皇帝眞的扯到極點，有的幾十年不上朝，有的去做木工，不然就是躲在宮廷裡面修道、求長生不老之術，或是封自己當大將軍。結果臣子來見皇帝的時候，一不高興就杖刑。杖刑就是用

木棍活活把他打死、或者把骨頭打爛讓他變成殘廢，有的還甚至凌遲或是滅族……。像這樣的事情在古代多的是，就是因為皇帝被奉承慣了，以為自己不可一世，自己是最完美最了不起的，聽不進任何一點逆耳的話。

唐太宗的偉大，就在他告訴我們：「以鏡為鑑，可以正衣冠。以古為鑑，可以知興替。以人為鑑，可以明得失。」唐太宗是靠戰功打出來的天下，當了皇帝以後還是喜歡獵鷹。有一天，大臣魏徵來見他，那時皇帝的獵鷹還在手上把玩，一聽到通報魏徵前來，來不及叫人收走，只好用衣袖藏起來。

老鷹哪能這樣藏？最後就把唐太宗的手啄了，流血痛得要死。其實魏徵也知道，偏偏故意拖長時間，唐太宗只好一直忍一直忍，忍到最後終於走了，把唐太宗氣得要死，回去跟皇后說：「那個魏徵實在太可惡了，因為他是來報朝政，我怕他說我不理朝政在玩這東西。他明明知道我手上有獵鷹在，還故意整我。是可忍，孰不可忍！虧我對他這麼尊重，我一定要好好整他！」

長孫皇后對唐太宗說：「恭喜你！」太宗問為什麼？皇后說：「因為你的臣子敢這樣對待你！」可見

他是有真正的德量，而不是當一個昏君，所以皇后才恭喜他：「如果是昏君的話，這些臣子絕不敢這樣對待皇上；就是因為你有心想做個明君，所以這些臣子不會阿諛你，有一點小錯，臣子也會揪出來。」

這個長孫皇后多麼賢德，使唐太宗的怒火馬上消掉了，否則皇帝一生氣，有可能把某人捉來痛打痛罵，就會使賢士喪失進言的忠心。皇后四兩撥千金，馬上盡除他的怒火。

我們很容易在名利和功績之中迷失自己，這是最可怕的。在逆境裡往往還可以成長自己，在順境裡大概只有隨波逐流去了。還能守其身、能夠自愛、還能繼續用功的不多見，歷代像這樣的君王都不多見，更別談要在順境裡放下富貴與權勢。

在順境的狀況下要隨緣行。隨緣，就是知道一切都是因緣，不要膨脹自己，對法的實相要清楚，這就是空觀。一切都因緣和合，當下沒有一個能夠被稱讚的人、或者稱讚的法，你就不會自我膨脹。

放下它，知道一切只不過是因緣剛好和合成的，因緣順，所以你起來，因緣轉了以後，你就滅了。在這當中有沒有誰是了不起的？

你以為我在這裡講經說法就比你們偉大嗎？沒有。

只不過是這樣的佛七、這樣的因緣讓你能聽些法，顯得我好像比你們高一點，如果我是在正在忙的家裡可能還會被嫌擋路；如果我去坐在大寮，不但幫不上任何忙，還會讓大寮的義工菩薩們心驚膽跳，反而起了更多障礙。

　　我覺得自己站在這裡好像是一塊料，但是到了大寮就不是塊料了。不管是不是料，還不是同一個人？你也不必在自己是一塊料的時候，就覺得有多了不起；不是一塊料的時候，就把自己貶得一文不值。都不要這樣，要知道一切諸法當下空寂，但是該行的仍然要行。

　　像之前提到的須菩提，佛陀叫他講般若，他說：沒有須菩提這個人，也沒有這個法，要我說什麼？佛陀說：就是因為沒有，所以才要你說。這樣才不會掉入到斷滅、也不會掉落到執有，這就是真正隨緣有的實義！當下你有理入的真正智慧時就會知道，一切眾生都具有如來的智慧德性，所以不要以為你是超出別人的，沒有這回事！

🐟 平等中有差別相

　　隨緣行，一切眾生是平等平等，不僅如此，生、

佛也一樣是平等平等，所以你不必、也不需要去認爲自己高人一等，這是另外一個智慧的觀照。

　　一切諸法雖然都是空寂、都是如幻假有的，但仍要藉如幻的假有，往它最圓滿的境界去表達。例如今天我處罰典座跪香，因爲食物的份量稍微不足。你們是來修行的，不管吃什麼喝什麼，心都不要起分別，因爲不是爲衣食而來，是爲道業而來，給你什麼都應該歡喜接受。

　　但是爲什麼還要處罰她？因爲一切諸法雖然是平等的，但是不礙它種種的差別，差別之中要見它的平等，平等之中則要顯示不平等、顯示它的各自相。因此，能夠把各自的相表達到最圓滿時，它的當下就是平等。

　　不要把齊頭的平等當作平等，而是指立足點的平等。所以我永遠是小人，你們永遠是高人，因爲你們都長得比我高。就是因爲我們的立足點是平等的，所以不妨礙有高低的差別；雖然有高低的差別，但是各顯神通、各顯其相，還是平等的，平等而且要顯出每個相的殊勝。

　　所以不要以爲學佛就是心不要分別，不要分別就是叫你吃屎你也要吃，這樣的認知就錯了！那叫做沒

智慧！

　　真正的智慧，就是從平等中要見出它各自超然、各自特別之處。小孩有小孩的可愛，老人有老人的智慧，男的有男的特長，女的有女的特質，什麼樣的人有什麼特點你都一清二楚，不落在相上去執著，但是了了清楚。

　　只要你把佛法用上心，會不會因為我長得這麼矮胖，就覺得：「啊～這個是矮僧啦，不是高僧！」你就不會這樣落在相上去分別。

　　隨緣行裡面包括智慧，其中一個就是空觀智，知道因緣和合當下，各自隨著緣有種種的如幻假，但是它的實際相是空的，這裡面有空智和假智。平等之中要現出它的差別，差別之中要現出它的平等，這就叫中道智。

　　所以每個人都要在自己的修行裡體驗出清淨心的妙德、妙功能，從行入裡把佛法轉化成生命的實踐，用佛法來修行、莊嚴、安住自己，這才是最重要的。此時此地，也只不過是把我自己體驗出來的跟大家分享，你能夠聽多少、用多少都沒有關係，我們互相勉勵，盡自己所有的本分用心學習、用心努力，這就是用真心來修學佛法！

【修行的叮嚀】

　　如果大家照著我們的方法專心用功，至今雖然僅有五天，也應該可以體會到身心的體驗跟以前的修行有很大不同，以前的用功大概都是以自己的生滅心作為修行的本因。

捨離一切對立面

　　生滅心即有取、有捨的心。取什麼？例如念佛的人就取西方極樂世界，那是極樂殊勝的，阿彌陀佛的願力至高至大，去到那兒就可究竟證不退轉，不必再生死輪迴。

　　捨什麼呢？想捨掉五欲塵勞、生死煩惱、種種的苦厄與災難。眾生認為這些是生命中最悲慘無奈的，於是認為娑婆世界無一處值得停留，這樣的身心即是妄、是苦，進而產生厭惡。

　　釋迦牟尼佛所介紹的西方世界──阿彌陀佛淨土的殊勝、以及阿彌陀佛願力的宏大，常使我們感受自己就是沒有覺醒及力行的能力，修也修不好，但至少因佛祖介紹西方淨土的殊勝而覺醒，所以選擇這個法門，認定念佛法門是最對的。

　　因此也看似覺察到這個世間是無常、是苦、是空，

所以知道不要永遠在五欲塵勞裡追逐，不知出離。

這樣的覺醒很好、很對，關鍵在於，若以有所求的心作為修行時的發心，這就叫做生滅心。以此生滅心來用功，都掉落在無始以來的迷惑與身心妄想裡。

經典一再闡明，眾生有種種的顛倒、妄想、貪執、分別，無法出離一切生死。這些就是眾生一向錯認的識心，此心即是一個分別顛倒的心，它妄認身心和山河大地是真實的存在，因此對身心產生渴望，進而貪求它。如果不能達到你想要的，就會生起不如意、厭惡的心。

在誤認的妄心中，又起更堅強更真實的我執、我見、我愛，於是眾生便永遠陷在五欲塵勞裡不停追逐。縱然說要修行、要離苦，也還是落在生死妄想裡面。雖然可以用妄心來用功，但是非常慢，因為不能與真心相應。

除非能夠知妄，然後一直遣妄、離妄，把妄完全淨除掉，捨離之後才能顯出那一分清淨；然而，若又落在心的清淨相上，落在有一個清淨心可得，那又是另一種執著，認為有一個心、有一個境可得，也就是離開生死心以後還有另外一個東西可以得。也就是說，那個東西還是從生死裡面出來的，只不過將它轉到另

一個方向，它還是離不開原來的生死執著。

　　表面上你已超脫生死，但事實上你沒有真的放下，也沒有真正的遠離，只不過暫時壓伏下對生死欲望的貪求。雖不是在五欲塵勞裡的分別，是從遠離妄、染的一種淨求，但淨求的心也是從生死心轉過來的，就是執著。

　　世間的一切相，所謂的染、淨都是對立的。當你認為去掉了染的相，應該就是好，其實還是落在妄心、落在分別。分別對錯善惡，就是落在自己的根身器界；如果離不開自己根身器界的認知，用原來的認知以為離開了惡就叫善，這還是落在身心相中，只不過轉了一個方向而已。

　　所以你以為取淨就是往好的方向去修行，但它還是屬於生滅心，還是錯認四大五蘊的這個身心為實有，只不過你現在把它從染變成淨，然而還是沒有離開自己的身心。

　　在經過修行後，你發覺到能夠除掉對這個身心相的攀求，達到諸法皆空，感到沒有身心之後的安然、自在、輕安，但還不能稱作開悟，因為你所謂身心的捨掉只是一種錯覺，而識海裡面執為實我的妄心沒有捨掉，仍是跟原來的「不捨」對立。

　　例如宋朝宰相張商英，在還沒有學佛以前，看到很多人對佛和對經典的崇拜，比對儒家的孔聖還要尊重，甚至研究五經的人都沒有研究佛經的來得多，因此很不以為然，便想寫一本無佛論的書。

　　他的老婆很有善根，而且學佛多年，一聽到老公要寫無佛論，就對他說：「既然無佛，你還要去論它作什麼？」一針見血，使張商英立即了悟，不再寫那本書了。

　　若修行修到身心都忘了、坐脫了，得到自在和受用，這只是覺受，一個清清楚楚的覺，沒有身心的障礙和問題。要知道，這一層仍然是不離身心的覺受，如果以為這就是見性，這樣的覺悟還是建立在身心相上。若從妄心來用功，要捨離多少的妄相妄覺；這個覺既然有身心相，還是要除掉，變成無覺。

　　無覺了以後就變成空。所謂空是空掉了覺的心，還有覺察了以後所得的智慧都不能有。空掉後變成無心也無智，那應該是對了吧？但是無心與無智仍然還是在覺受的對立面。

　　當你進入無心與無智的空，仍然還有「空」的念頭存在，有那個空的念頭存在就不叫真正的清淨心，連空的念頭也要滅掉，這才是反聞聞自性，稱性起修。

　　因此，在觀音法門裡面，從耳根聞聲觀照，從入流亡所到盡聞不住，直至根、塵、識的脫落，脫落以後進入到覺。覺的時候，進入到覺所覺空，空所空滅，生滅滅已，寂滅才現前。

極樂世界就在眼前

　　眾生若不能以清淨的淨圓覺心（即本心）來相應，而是落在以生滅心來求法，雖然能起幻智修幻法來治幻妄，但因不知是幻，不能做到知幻離幻，也就沒辦法離幻遣幻，直到無幻可遣，不幻方現。

　　離清淨心修行，隨時都可能掉落在身心境界相上。修行的人一定要通經教，而且要有自己的真實體驗、以及善知識在旁邊指導，方不致修魔而卻以為修道。《金剛經》說：「若以色見我，以音聲求我，是人行邪道，不能見如來。」即是此意。

　　在念佛禪期間，有位菩薩認為自己念得很好，感受一切都很美好，這個世界當下就是阿彌陀佛的世界，自己跟阿彌陀佛無二無別，身心充滿了無限的快樂、無限的自在，眼前所看到的一切都沒有任何煩惱。

　　這就跟我們參禪的人一樣，參到最後問：「你是誰？」，「我就是我啊！」，「佛是誰？」他說：「我

就是佛啊！」為什麼會變成這樣？如果不是真正了解，就不知道如何處理。看他外表身心行為很正常、很歡喜、很輕安、很自在，以為這是很殊勝的念佛修行受用，甚至以為得到念佛三昧，但是沒有真實體驗、又沒有經教的研習，就很容易落入魔道，無法分辨佛魔之別。

　　學佛一定要依經教，要知道怎樣修行才能夠得力，如同我一開始就告訴大家，一定要以不生滅的清淨心來做為發心初因。何謂不生滅的心？就是不要落在有分別取捨的身心相上，而要時常觀照一切諸法本來空寂，人人本具如來智慧德相。

　　有了這個正知見，當一切境界來臨時都不用去執著它。既然是佛，對這些善惡好壞的差別境界就不必去管它，當煩惱來時，知道煩惱本來就空，煩惱即是妄想執著，知道妄，就放掉它。因為我們已經知道什麼叫做清淨心，清淨心不受染污，縱無修證也永遠清淨，沒有煩惱可除。

　　前面講過，達摩四行中的理入是我們建立修行的要點。你有了正知見，就知道從本以來我們就跟佛無二無別，從本以來，我們就沒有這些妄想執著。當你以此心來用功時，就不會掉落到所有的境界上面，知

道它是妄、是不眞，就捨掉它，然後稱性起修，起眞實的觀照。

　　一念生起，就老老實實地念佛，念得清清楚楚，覺照得明明白白，這就叫稱性起修，也就是觀自在菩薩在行深般若波羅蜜，「觀自在」就是我們的清淨心，「行深般若波羅蜜」就是以稱性起智慧觀照，照五蘊皆空。

　　念佛要都攝六根，一心來念，念到淨念相繼，一心不亂，無論什麼東西來，都知道它當下是空，不隨著境跑，如此你就會相應到念佛三昧。念佛修行不離開我們的六根，六根的見聞覺知當下就是不生滅心。往往見聞覺知落在配合第六意識的妄心，見聞覺知就變成了造業的工具。

　　六根本身沒有問題，而當根和識合在一起時，這個根就被染污；其實並非被染污，而是彷彿一個爲主謀、一個爲幫兇。原來六根與境相遇時，若沒有識心的妄念分別就不會惹事生非，就像小孩子看到世界小姐，只知道漂亮，不會生起其他的欲望，若是成年男子看到，心可能馬上進入另外一個境界，跳脫不出來。這個就是被識心所轉了。

　　眼見塵境的時候，本來只是現量，當你的識心一

滲進，就變成非量了。我們現在念佛叫「稱性起用」、「捨識用根」。捨識用根時，這個根本身沒有問題，例如我們念佛的時候生起念佛的心，專心一意的念，嘴巴念、眼睛念、耳朵也在念，都沒有攀緣外面。根的全體大用，都是落在見聞覺知上面的妙用，念佛時雖口念，但眼睛仍在看，不然你就撞到人了，耳朵也在聽，都聽得清清楚楚的，心也知道，叫你快你就會快，叫你慢你就會慢，叫你坐你就會坐。

六根見聞覺知的作用分分明明，妙用無方，爲何能如此？因爲沒有讓識心來做主宰，念佛時念念緣清淨心而念，清淨心即是佛心，因此一念清淨一念佛，念念清淨念念佛，舉手投足都是淨土，念念心都不離道場。

清淨心就是不生不滅的心，沒有妄想執著，離一切的相，萬法的當下就是清淨的實相。當沒有妄想雜念時，一個佛號聲的念出，就是自性阿彌陀佛的顯現，就是法爾如是的阿彌陀佛。以沒有分別、沒有攀緣的心來念佛，很快能夠攝心，而進入佛我一如、生佛平等的體驗。

大勢至菩薩用都攝六根來念佛，也是從根上來修行。在《楞嚴經》中，大勢至菩薩與五十幾位菩薩一

起來到佛前，其他的尊者、菩薩談起圓通法門的修行，都是一、兩個或十幾個隨行者，而大勢至菩薩有五十幾個一起共同證明，這代表念佛法門非常殊勝。

尤其是都攝六根，是不離我們見聞覺知的清淨心起妙用，從身口意去用功，讓大家可以念得很舒服、很自在，隨處都能攝心，一句佛號，無處無時不受用。

如果用識心去念佛是很累的，不僅很累，還經常因心的進進出出、好好壞壞而掉在不安的情緒中，有時覺得念得很好，有時又覺得很差，就是掉落到身心相上。這樣的念佛是錯誤的。

以前大部分參禪的人是用識心去參、用識心去觀，結果身體看起來越是寧靜，心卻越不寧靜，妄想雜念越多。前塵落謝的影子變成法塵橫在心識裡，第六意識就會去攀緣它、分別它，即使把你關在牢房裡，眼睛無法看、耳朵無法聽，還是照樣可以打妄想。

都攝六根並不是去制止六根的運用，而是把六根都攝起來，不涉入到取相分別；雖不分別，對諸法又了了清楚，這時候全體大用就很容易顯現出來，覺得很好、很受用，也不會累、不會覺得苦，越念越自在，越念越安心。

　　念佛的六根都在運用時，反而覺察自己的心越加寧靜；相反的，念佛時若不制止六根的活動，境越靜時，越是讓識心起妄用，山中之賊活躍得更厲害。我們常說十字街頭好修行，在紅塵之中，任它境界怎麼飛揚高張，我的心不攀緣它，不著這個相，富貴窮通於我何有呢？

　　念佛念好，心中就無牽掛，心無牽掛就逍遙似神仙，人生何其樂也，極樂世界即在眼前，當下就可受用，何等奇妙。

　　參禪也是一樣，不要用第六意識心去攀緣，要捨識用根，用我們的根去觀照，照見五蘊皆空，照見一切諸法當下如如，本來清淨，本來自在，本來圓成。所以六祖才會說「何其自性本不動搖，何其自性本不生滅，何其自性本無來去，何其自性能生萬法。」

　　當你參悟以後，明白從來都不曾離開這個清淨心，即可放下一切的分別；能夠做到於相離相時，一切法各住其位，世間相常住，你就會發覺，原來我們的心就是如此，心就是一切諸法，法就是我們的心，無二無別；性相是一如的，心佛是一如的。

　　大家如果懂得用功，其實根本不必修得這麼苦。有的人修了一輩子，依然不知道什麼叫做佛。誰在念

佛？「不知道！」佛是什麼？「不知道！」不知道你
還盲目呆呆的去修？你不知道佛、也不知道自己是誰，
那你為什麼要聽人家的？

有時候眾生很愚痴，至少要能夠確定佛是什麼、
你自己是什麼，自己要確實明白。就算沒有真正證到，
至少也聽聞到。五祖問：「你這個獦獠，來我這裡要
做什麼？」六祖回答：「來作佛！」他起碼還知道要
來作佛，那諸位你們來做什麼？來作佛嗎？那佛是什
麼？你可以回答不知道，就是不知道才要修嘛！

重點是，參禪者首先要讓自己清楚的認知要做什
麼？為何去修？而非糊里糊塗的。

3、無所求行

　　二入四行的第三個是無所求行。一切的修行，如果以生滅心來修的話，絕對都會落在有所求。生滅心就是不離開我們的身心，身心如果貪著在五欲塵勞裡，學佛、拜佛只求佛祖保佑「讓我賺大錢啊！現在股票七千多點了，最好讓它漲到一萬點。你如果能讓股票到一萬點，我一定會來布施，給你裝金身！」

　　世間很多人是如此修行，落在身心相上，不管是哪一種形式都會變成有所貪求。反過來說，如果他覺得世間是苦的、各種追求是虛假的，覺醒發心用功，覺醒心也只不過是身心相的另外一種提昇罷了，依然沒有離開識心。

　　如果不能放下身心相，就無法對佛法生出信心，一下子有淨相的喜樂，一下子又沒有，或者沒有得到更好的淨相就會進進退退，無法安心。因為你也不曉得佛祖到底是有還是沒有，若說沒有，又好像有，如果有的話，到底在哪裡？自己也說不出個所以然。

　　這樣的修行都沒有在真心上去體驗。若是以妄心、識心來修，當妄心、識心被暫時壓伏的時候，會覺得佛祖真靈啊！佛祖真慈悲啊！佛祖真是什麼都好啊！

身心覺得很輕安、很自在；可是當業障來臨，而且超出我們的修行功力，或是工夫無法持續下去時，就不知道如何是好，修行就很困難。

希望大家了解，達摩四行的無所求行就是告訴我們，一切諸法的究竟實相本來就沒有身心、山河大地等等可得，這些都是眾生的妄想顛倒，認為有這麼一樣東西。眾生往往不知道是妄想顛倒，若能知道就成佛了；眾生認為一切是實有的，只有經過真實的修行才能夠覺悟，否則我們就永遠陷泥於其中無法出離。

🍃 堅固的五蘊妄想

佛陀說眾生的迷執太深了，無法輕易超脫，《楞嚴經》中說我們有種種妄想，色、受、想、行、識等五種，這些都是堅固妄想，很難打破的。當我們在修禪定時，常常坐得腰痠背痛，坐得死去活來、苦不堪言，偶爾才能有一枝香坐得清淨自在，然而是怎麼清淨的自己也不曉得，因為我們沒有通過真正的修行，常以生滅心來用功，若是這樣，就算給你長時間的用功，頂多也只是識心的暫時壓伏。

暫時的壓伏，看起來彷彿沒有什麼煩惱，沒有很重的攀緣、分別，但事實上都是處在潛伏的狀態，只

要修行工夫一退步,定慧力稍微不具足,業障來臨時,煩惱心、分別心馬上起現形,因此要對治這種堅固的妄想是非常困難的。觀世音菩薩的耳根圓通,即是除掉五蘊堅固妄想的法門,但現在只能先講達摩四行的對治法門。

無所求,就是淨除五蘊的堅固妄想。一切諸法本是如如,一切妄想都因顛倒分別而起,因此不管參禪或念佛,任何一種修行,包括六度萬行,都要依清淨心去稱性起修,時時與清淨心相應而修。當境界來臨時,以慧觀照,這就是從性起用,也即是善分別諸法相,於第一義諦而不動;也就是《心經》中「無智亦無得,以無所得故,菩提薩埵。」這就叫無所求。

無所求是在境界來臨時,起慧觀照一切諸法的實相。諸法實相包括緣起無自性、也包括因緣和合的妄想假有,既然有一切的幻有,就不可以不修,否則無法度一切苦厄,但也不可以掉落在執相修。

因為既然有煩惱、有如幻的假有,我們就必須要修,既然一切諸法的實相是空,你就不可以在修裡面起種種身心的妄執、妄求。以這樣的態度來用功,才叫做無所求,這也正是我們修行的正確心態,即正知見。

　　當我們知道一切諸法是清淨的、是如如的，我們具足像如來一樣的智慧德相，一切既然都具足，在修的時候就不要落在心外去求法，想著我要去追求什麼、我要去修到什麼、或者我要捨掉什麼，都不需要。你就行你該行的、做你該做的，這個非常重要！平常家師教你們默照，這個就是真正的默照。以無所求、無所得的心如實觀照，這才是真正的默照！

　　什麼叫如實的觀照？就是緣自己的清淨心，不離自己的清淨心，時時刻刻觀照諸法當體空寂，當下是空的、因緣和合的，沒有一切相，然而有它如幻的作用。我們知道它是空的同時，又不掉入到斷滅裡面，要知道它是如幻假的。

　　如果你認為「空」就是沒有了身心，因此不用修、不用吃、不用睡，那就會餓死！這樣的認知是愚痴、是顛倒。所謂的無所求，並不是說什麼都不要去做，是什麼也不可求。

東老的全體大用——智慧接引

　　有的人覺得，做人就是要有所求，不然為什麼要做人呢？無所求，做人還有什麼意義？然而，做成有所求的那種人不是也很辛苦嗎？如果你一定要做這樣

的人，誰也拿你沒辦法。

要做到無求才叫做佛。爲什麼能夠無所求？因爲知道一切諸法究竟的實相是什麼，既不會掉進妄自菲薄的心態，以爲自己無法修成佛，也不會自認爲自己就是佛，所以不用修行就什麼都會了。

雖然本性具足清淨、圓滿，但這清淨和圓滿能不能現在證到？如果你現在證到，當然可以稱之本來圓滿、本來具足；如果你現在正在煩惱裡，還沒有體驗到什麼叫做本性，什麼是眞正的清淨、本來的圓滿，那你就不能如此講大話。

若你尚未眞正見到，就表示身心還是落在我相、人相的這些執著上面，雖說這些也是虛妄的東西，但你並不眞正了解它是虛妄，還深受它的繫縛，因此要老老實實、誠誠懇懇的從修行上去下手，定慧力莊嚴時即得解脫。

念佛時時刻刻不離清淨心，專心一意的念，定、慧就在這一念中同時具足，沒有掉落在身心的淨相上；雖在靜中的狀況裡，見聞覺知都清楚了知，雖然見聞覺知很清楚，但並沒有被外面的塵境、以及內心的妄想法塵所影響，時時刻刻見到它的不動。見到它的不動就叫定，知道不動中含藏著一切萬法的妙用，這就

叫做慧，所以叫稱性起照、稱性起妙用，從心地上不離自性起妙用。

　　例如做兒子的，就必須知道身為兒子該盡的本分，做妻子的就知道身為妻子的本分。來到這裡修行，你是什麼身，就以什麼身來認真修，這就是盡自己的本分，而不是戴著一個假面貌進來這裡，卻聽不下師父的話、服從不了這裡的教導。例如有人寫字條：「法師，一天出坡三次，有這樣修的嗎？」沒有這樣修嗎？沒有這樣修就叫你這樣修。

　　不要帶著原有的意見、身心、以及自己的面貌進禪堂來，要把它空掉，放下自己身心所有的分別，以無分別故，才能得成於忍。沒有分別以後，智慧才能真正生起。

　　例如在法鼓山參加禪七彷彿是在五星級的地方修行，早上工作完後還可以去瞇一下，中午出坡完也可以去睡個覺，晚上沒有出坡，就再睡一會兒吧！如果睡不夠，禪堂裡面還可以繼續瞌睡，就像度假。

　　但是我這裡不一樣，那裡是天堂，這裡是地獄，你們是來地獄受苦，因為我們都是地獄種子。以前修行的時候，我師父常常會罵我們這些修行的是「地獄種子，不知懺悔！」既然是地獄種子，我們就下地獄

來受苦吧，所以不要跟我說這樣的出坡太累了，就是要累死你們。

如果以你自己的認知、以你自己的面貌，執取自己的一切無法放下，那就不能做到無所求。若沒有真正放下自我，你所修的一切都是落在自己的身心相上，如此便很難修行。

我師公真的是大禪師，從我小時候他就用磨人的方式，這樣做不對，那樣做也不對。我掃地掃得要死，他一句話都不鼓勵，還丟一把沙進來，不然就是穿著走過黃泥巴髒兮兮的鞋子踏進剛打掃過的廳堂，然後問：「小和尚，地擦了沒有？」，「擦了。」，「哪裡？過來看！」眼前是比不擦還更髒，我沒法多說什麼，只有趕緊再拖地！

他讓我體會到無我，否則人很容易掉入分別而產生不滿、受委曲的心，只是那時候還不能體會到這是師公智慧接引的全體大用，錯失了得度的因緣。

原來我們認為對的事，其實也都是落在身心相上。你認為自己做得很好，而且照著所講的本本分分認真去做，沒有功勞也有苦勞，心想：「師公，你不誇獎也不要這樣整人。」但他就是整。晚上你要讀書，他給你「叩叩叩」敲門：「小和尚，你來當師公，我來

當徒孫。」為什麼？「你在浪費常住的電！」於是叫你白天讀。

你白天讀，他又來講：「小和尚，你來做師公，我來做徒孫。」為什麼？「白天你不出去外面做事，難道還要我這老和尚弄給你吃嗎？」白天不准讀、晚上也不准讀，去做工時做得要死，又被他說：「我這裡不缺長工！」

當時實在不知道該怎麼辦，這樣不對、那樣也不對，若有一點點的錯，他一定給你加油添醋，到處宣傳。我以前考上師大出去實習，曾經帶一些學生來，結果他就在大過年時，當著那些學生的面說：「你這個老師以前都怎麼樣怎麼樣……當小和尚時怎麼壞、怎麼皮……。」那些學生斜著眼睛瞪著我看。當時我能講什麼呢？一句話都不敢辯白。

我的師父聖嚴法師從日本拿博士學位回來，成為海外學人。當時政府請了全世界有成就的華人聚餐，我們師父是唯一的一位和尚，從眾多得日本文學科博士中選取出來的，光宗耀祖非常了不起。

後來一些信佛的教授們請他吃飯，吃到一半，師公就拍桌子：「你這個聖嚴，不孝徒！」把師父嚇死了，趕緊站起來，整桌人根本不知道如何繼續吃飯，師公

一罵，大家都沒有心情吃。其實像我師父這樣的徒弟，應該是點著燈籠都沒地方找的，可是在師公老人家的嘴裡，照樣罵得一錢不值。

以前我常覺得，「像我這樣的徒孫，是有多壞啊？」比起其他師父的徒弟，自己覺得很夠份量，各方面都不差呀，但是為什麼命運如此多舛？這也不對、那也不對，一切只能怪自己的命運。

不過可能前世修的吧，雖然覺得苦，還是很有骨氣，明知道師公這麼兇，當時很多人要收我當徒弟，要我另外拜師，我都不肯。我記得師公在我去佛光山讀書時對我講一句話：「小和尚啊，以後你出去讀書了，骨頭不要隨便彎曲，不要動不動就拜人家當老爸。」我當時還聽不懂，心想怎麼會呢？當時還認為一定不會，後來到佛學院才知道，真的會。

那些做師父的要找徒弟其實不容易，遇到一、兩個比較傑出的，就巴不得把你收過來當自己的門人。去到外面，才覺得自己各方面都還不錯，還有很多人重視、也蠻欣賞我的，動不動就要我做徒弟，但是我都不肯。

我覺得師公再怎麼嚴、再怎麼不好，畢竟還是我的師公，最主要是他老人家雖然嚴格，可是他老人家

講出來的話都很有智慧，自己也常在心裡揣摩，還蠻能夠體會他的苦心。

師公是用苦去磨練我的，例如他寫的字很潦草，要我去抄，學校的功課本來就很多了，還要替他抄稿。當時覺得很苦，可是抄完之後，他寫的很多東西我都已經記在八識田中。

又例如師公的客人有很多是政經界、教育界的名人來問法，問的都是有關時事、國事、佛法。老人家都要我在旁邊侍茶，不准走，並且要我聽，但不准發問。他說：小和尚有耳沒有嘴。

等客人走了他才會問我聽到什麼、有什麼感想？薰習久了就知道很多待人處世接物，縱然遇到大人物也不會嚇到，該如何應對便怎樣應對，酬問自如。有的人看到大官、大人物來就皮皮挫（註：台語害怕之意），不知如何是好，而我當小和尚時，就因為見多識廣，不會害怕了。

客人有時候也會考我，當時雖然還沒有讀佛學院，但是看過、也抄過師公的東西，或多或少都薰習了佛法常識，對答不落俗套，頗有見地，也得客人誇獎。

老人家從生活上給予的歷練和考驗，我後來也明

白那不是特意折磨，當時師父同時還收了另外兩個徒弟，比我還會工作，個子長得比我高，是從美濃來的。當時文化館有菜園，他們都打理得很好，可是不到兩個月，師公就請他們回家了，而我這個逃跑了三次的人，他總想盡辦法把我一次又一次的抓回來。我也覺得蠻奇怪的，當然這可能是宿世的因緣。

這就是無所求。小時候歷經過折磨，磨去我見、我執、自尊，使自己覺得沒有任何了不起的地方。許多人遇事據理力爭，人我執重，使事情更紛雜，陷入不可收拾，很多家庭紛爭都是基於此因，許多問題都是因為每個人各執一理，造成禍害越盛。佛法告訴我們，這就是我相，我相一日不除，千年禍患不已。一切的修行如果不能斷我執、我愛、我見，就很難得佛法利益。

無所求不是什麼都不做

無所求行，告訴我們修行要合乎佛法實相無相，而做到無所求；和第四個「稱法行」一樣，要與法相稱才是真實用功。相應清淨心、發菩提心為本修因，再從清淨心起觀照，觀照諸法本自空寂，然後捨掉一切分別對待、攀緣執著、有所求、有所貪的心，以無

所求、無所貪的心來念佛參禪用功，即得安然。

　　時時刻刻觀照一切諸法，知道自己在做些什麼，無所求、無所貪，身心沒有煩惱，然後一直繼續這樣用功，捨到無可捨，識心、妄心、所有的一切心都停下來時，真心就顯現出來了。

　　其實是因為我們在煩惱裡面，才需要用功，如果能知道本來就沒有煩惱，那還用什麼功？拿個最簡單的來講，我們現在有沒有感覺到吸氧的需要？沒有，因為沒有欠缺。但如果是呼吸有困難的人，就要足量又純的氧氣，更需要時常用力深呼吸。我們呼吸沒有困難就沒感覺，呼吸有困難的人，就會感到特別需要氧氣。

　　什麼叫做正常？正常就是實際的法，就是如此如實地過生活。我們現在因為掉入到妄想分別裡面，就是不正常。不正常時，對所有的一切都會有所貪著、有所希冀。有所貪著、有所希冀，縱然很用功，無論念佛或參禪都很容易落入五蘊。

　　那麼該如何行？之前說過，在般若會上，釋迦牟尼佛叫須菩提起來為大眾講般若的法門，須菩提出來說：我根本就沒有看到有一個須菩提的人，也沒有看到什麼菩薩在，也不知道什麼叫做般若法，那你到底

要我說什麼？於是佛陀講：就是因為沒有須菩提，就是因為沒有這些大菩薩，就是因為沒有這個般若法，所以才要你為大眾、為菩薩來說般若法。

聽懂這句話的意思嗎？這個才叫無所求！一切諸法本來如如，你執著它，就變成障礙了。不執著它的時候，它不是斷滅，它也是一樣地流行在這個世間。眾生需要它的時候，你為眾生來說這個法，但是不執著它，這叫做「沒有這個法」；眾生需要的時候，你講出來這個法，這才叫真正的無所求。

無所求並不是什麼都不去做，那樣就變成死人！無所求是該做的都做了，可是做的時候心沒有任何分別計較、沒有貪求，這才是真正的無所求。

所以我們要不要念佛？要。要不要認真？要不要努力？都要，可是不要執著在這裡。不要看人家「那個人沒有專心！」那個人有沒有專心跟你有什麼關係？你自己專心就好了嘛。這裡有法師在管，你不要動不動就「喂，專心一點啦！」雖然是你的朋友，你管人專心一點，自己就不專心了。

你認為人家有是非，自己就變成是非人了。真正專心在法的上面，就是照顧好自己，認認真真、老老實實的用功，並不是什麼都不知道叫做專心。

　　都攝六根、淨念相繼，是指每一樣事情，眼睛看到的、耳朵聽到的，都是了了清楚，可是不分別，但不是視而不見、聽而不聞，那是死人。該做的我們當然要做。

　　例如在做事的時候，你說，我只專心做我自己的。但當燭火倒地，火燒起來會造成火災，你還說那不是我管的，讓它去燒吧！這就不對了。並非只專心做自己的事，其他的事情就不管了，不是的。應該同樣照顧好自己以外的事情，只是不去攀緣、分別它。清楚了知外境，遇到事情即以智慧處理，處理後就放下。

　　做完了自己的事情，看到別人的事還沒有做完就該去幫助，不是只管自己的。因為我們這裡人手少，不能自己做完了之後不管別人，而且有的事情比較麻煩，需要較多的時間，那你就要主動去幫忙。做的時候也別想著：「嗯～你看，我多發心啊！自己的做完了，知道主動去幫別人。」這就不對了。

　　有心去幫別人多做一點，這叫「求表現」，求表現的心就是妄想心。應該是自己做完了分派的事，他人還沒有做完，就去幫忙，又或者本來不是分派給我的，但是我看到這裡有問題，就趕緊再去做。這就叫真正的盡自己的本分，才真的是都攝六根用功，而非攀緣。

　　只專心做自己的事情，其他的都不知道，那只是狹義的專心。廣義的專心是不起種種的貪愛、分別。專心是不落在身心相上、不落在物的相上，不在好壞是非、功過得失上面去求，那才叫真正的專心。專心就是專一自己的心，一心就是跟清淨心相應，清淨心就是沒有所謂的得失、成敗、好壞這些。

　　專心一意的念佛，便不會覺得念久、坐久不舒服。覺得不舒服時也要明白「嗯～不舒服的好！」因為若不如此體驗，怎麼會知道修行的可貴？煩惱是堅強的，要破這個色蘊不是那麼簡單，要是你動不動就帶著身體的疼痛貪戀它，這就叫堅固妄想。

　　妄想如此堅固，不把它稍微泡得柔軟一點，是很難除去的。我們就藉阿彌陀佛的這個藥水把它泡軟了，最後還要把它泡化掉。武俠小說裡面有一種化骨神水，一滴就能取人性命，屍骨無存。你們現在就是在用這阿彌陀佛的法水，使你們自己屍骨無存。不過你們死都死不了，還講什麼屍骨，妄想心還這麼強！

　　好好的努力，不管剩下多少時間，離開這裡後同樣要這樣的用功，不要把我講的聽完了就還給我。

　　還給我，我也感謝你，因為無所求嘛！

【修行的叮嚀】

在方法上繼續用功時,要以自己的真心,也就是不生不滅的心,去專心一意的念,如果這時起心動念:「禪期剩下的時間這麼少,沒希望了!」那就是掉入妄心。有期待、有所求的心,就是生死心。

心沒有消失,只是變安心了

修行就是時時刻刻知道盡自己的本分。什麼叫本分?就是緣自己的真心,在法門上專心一意地用功,自然就會使身心從紛飛的妄想與貪求中,慢慢變成真正的一心。這種一心並不是對所做的事、所修的行不了解,而是放下種種的期待、妄想和需求,以及放下落在身心相的種種覺受。

我小時候出家剃頭用的剃刀,不是現在用的這種。現在的剃刀是兩個薄刀片,比較安全,以前的剃刀是整板的刀子,有個長把手。頭要剃得好,刀一定要磨利,因為刀片是不能臨時更換的。所謂「工欲善其事,必先利其器」,「器」很重要,刀在平常就得磨好,每當需要時就立即可用。如果平時不磨,到用時趕著想把刀磨利,心一急,手出力的大小不一,推出去和收進來的力量不同,剃刀就難磨好。

　　沒有磨過刀的人不知道，刀的正反面都要磨得剛好，推出的是十下，收進來也要十下，多一下或少一下都不行。可是心一急，剃刀就怎麼都磨不好，因為落在自己的心緣相，心越急手腳就越不聽話。

　　例如有幾位法師在打地鐘，心不急時打得還蠻好的，要是心一急，越怕打不好，手就越不聽話。是什麼原因？就是落在自己的心緣相、身心相上。如果能夠放下一切執著、分別和貪求，心就會漸漸專一；越是無所求，就打得越好。

　　無所求，並不是不將注意放在身心上，而是全心全意在那裡，但不著相。就像打坐時不要想：我要除妄想。單單只把這佛號一直念下去，身心自然就會安定。要是想：今天一定要念很好。結果越想念得好就越辛苦，身心體力付出的越多。

　　一旦對身心相產生執著，工夫反而用得不好，整天念下來便感到身心疲累、不能安住，這是因為落在自己的身心相上求、落在強烈的法上。經常磨刀者，工夫已經純熟，可以憑感覺知道力度。感覺從哪來？從工夫積累而來，積累久了就不必著在那。死著在那，自以為在用功，事實上反而累又不容易做得好。

　　達到無心時，其實心是在的，還是清楚在磨刀，

也知道磨了幾下。例如有位開計程車為業的義工，當他的開車技術純熟到人車合而為一時，他的反應直接、操作容易，不像初學者要思慮角度、方向盤的圈數，才能順利進入車庫。

當技術純熟時，心是否就消失？沒有，還是在那裡，只是它變安心了。心安然自在地掛在那裡，事情自然而然就處理得很好。就像拿筷子，已經拿了幾十年當然沒問題，但小孩子在學拿筷子就很可愛了，尤其夾圓的東西時很困難，乾脆用手抓還來得快。夾圓滾滾的花生如果太用力會飛出去，但成人夾花生時，卻不必思慮任何夾的方法和力道，就能隨夾隨起。

一旦工夫純熟了，就不會掉在相上，就能夠得心應手。同樣地，念佛要能夠念到跟自己的身心相應，不必刻意起心動念，念念也能自然出佛號，跟清淨心相應，這才叫憶佛念佛。

不貼標籤

憶佛即是不離開心中的那個佛。佛即清淨念，從清淨念裡把佛號念出來，這稱為稱性起用。

當佛號聲成為生活裡的一部分，不只是嘴巴念佛時心不攀緣打妄想，更要用這個方法觀照我們的眼、

耳、鼻、舌、身、意，外面看到的境界或聽到的聲音照常了了清楚，但不落入身心相的妄想分別裡。別人生你氣時也知道，但不會立刻想：「這個人現在討厭我，真可惡！他沒有想到我以前對他多好。」不立即掉入自己的身心相，知道他不高興但不起分別，照樣了知，用智慧和慈悲心來對待，這就是無心。

佛法是有情有義，若是因為我的一句言語或行為而引起他人的苦惱，應該馬上誠懇地跟他懺悔，道歉後人家便不會再責怪；如果是他本身的問題，就應該幫忙他，告訴他如何用佛法來安住、走出身心的煩惱，這才是成就自己的菩薩道，成為一個有修行的人。否則連一個自了漢都做不好，變成隨境跑，這樣的念佛修行是沒有用的。要把修行的方法應用在日常生活的實踐上。

二入四行中的四行，就是在生活的實踐中，用生命去體驗佛法。有智慧產生，才能夠遠離一切苦，而真正的慈悲也會在智慧裡生起，這樣的身心當然都是自在安然的，處處都能顯出佛法的殊勝受用。

若要去幫助人家，心裡也不刻意的起念頭，事先也沒有任何的看法見解，這個人來時，你看到現出什麼境就以什麼方法幫助他，而不先在心裡構思：「今

天要見的那個人怎麼樣，該用什麼方式來幫助他。」心裡已經替他貼了標籤。原本他沒那個問題，被你貼了標籤以後就有那個問題，你又認為自己給他的法是最對的，心想：「他怎麼都不聽，真是孺子不可教也，糞土之牆不可污也。算了算了！」自己覺得好心沒好報、或是有挫折感，這都不叫真正的佛法。

真正的佛法是對任何眾生不起人我相的分別，是定位一切眾生皆具有如來的智慧德相。今天這個人的迷糊，是因為沒有見到自己清淨的本性，被無始以來的煩惱習氣所遮障，只要能放下，就跟如來一樣。清淨的本心本來就無得無證，因此只以無相（不貼標籤）、無求的心去幫助人們，自然時時處處心安自在。

若是認為自己有什麼樣的修行成就，反而是落在相裡，就跟佛法實際的真理無法相應。佛法在從理入的時候，要深信一切眾生都有如來的智慧德性，眼睛不要都在看別人的不對，覺得只有自己是最對的，或者念佛才是最好，處處都要拿佛法去管人家、盯人家，那也是不對！

我們不要給眾生太多的壓力，這個壓力是認為要去教化他、指導他。人人都好為人師，有時候覺得自己慈悲，其實那種慈悲帶有一種自我成就感，或者自

我想要去超越成就。以這樣的心去做善事會帶來很多問題。

所以學佛的人，首先要從佛法的修學裡，使自己的我相、人相、眾生相和壽者相都要能夠放下，放下進入到無心時，才能跟佛法相應。如果平常不能藉著修行來觀照我、人、眾生、壽者這四個相，就表示根本沒有落在修行的要訣上，是盲修瞎練。

當專心一意的念佛時，可以清楚感覺到，當放下一切執著分別的時候，心是否就沒煩惱，是否外面的境界也跟自己無關。要把這個體驗用在生活的實踐上，而不是在這裡念佛時才不起分別，要練習到甚至在被罵時也不起分別。

僧眾在禪修時被罵都很乖，比較不會起煩惱，叫他們走快就走快，叫他們走慢就走慢，不出聲時還要大吼：「大聲一點！死人啊，不會發心啊？」罵得越兇還覺得蠻受用的，但是在日常生活中就是會起很多煩惱，是因為沒有把方法用上。當我們一心一意在求法用功，心跟法相應時，分別心就能慢慢降伏，人我相就能夠放低。此時的心雖然還沒有跟清淨心相應，但至少那些分別、貪欲的念，或者不滿的心，都比較可以降伏。

生命的大道場

我們從來不把外面的境界當成是修行的道場，其實，生活裡的一切才是生命的大道場！所有的眾生、境界都是我們的善知識，都是殊勝法門，要從這裡去跟它相應。相應的時候就會覺得，果然，一切諸法都是解脫、畢竟清淨的，沒有一個法是染污不自在的。

不自在是因為我們有分別。因分別故，即有染污；因染污故，就有貪愛。有貪愛與瞋恨是會導致生死流轉的。明白了這個道理，就要不落入貪愛與瞋恨中。但要如何使當下不落在分別的念裡，不是那麼簡單，這要從修行上去成就力量，就是定慧力，佛七、禪七的用功正是定慧力的加強。

佛七時有一位學員的確念得很不錯，能有統一心的體驗，可是還是挨師父打罵，他自己一定清楚為什麼，果然師父罵得有道理、打得有道理，因為身心相如果還能抓取，就沒有真正見到實相，只是暫時的心寧靜罷了，只是第六意識分別不起，暫時的平伏，並不是真實的智慧照見五蘊皆空。

這樣的體驗，如果沒有繼續用功，境界就會消失，掉回到分別的生死輪迴裡面繼續受苦。如果從這一步繼續用功，也就是一切的東西都不停留、都不再去執

著它，還是照常緣自己的清淨心而起真正的如來妙智，再從這工夫上繼續下手，到了最後真正的身心都脫落、放下時，就會知道什麼叫諸法現前，法法如是，爲什麼說眾生跟佛無二無別，當下就明白了。

　　一清楚就不會再有顛倒，任何時刻都能有這樣的智慧遠離無明分別，在出入境界時也就能還境的實相。縱然有多生累劫的習性還沒有清除，但還是能隨緣了舊業，身心不隨它轉，即使受了病苦，心也不會顛倒，清楚知道痛苦當下是妄。

　　學佛就只是這麼簡單！一門深入，當深入到底時，自然就可以產生身心的妙智慧、妙功能和妙解脫，感覺到果然如是！

　　你們每個都長得比我高，爲什麼今天我站在這裡講話，你們坐在底下聽？差別在哪裡？其實根本就沒有差別，所謂的差別在於你們沒有落實去修，所以身心的力量展現不出來。當身心的力量展現出來時，就沒有什麼東西可以阻礙我們。

　　我們修學佛法要深信佛陀所教的一切，而且深信自己本來就具足這樣的妙德妙能，就像每一個女人都有可能成爲媽媽，因爲她們都有生小孩的本能，但並不一定都會成爲媽媽。意思是，每個人都有佛性，但

不是都能夠成佛，如果不修的話，就不能夠成佛。

　　我們都具有成佛的妙德妙能，只是要如何藉修行讓這個本能從生命裡展現出來，這就是修行的重要性！但是不要心外求法，認為要去得到什麼東西才會成佛。前面說過，本來我們就跟佛無二無別，為什麼現在不能成佛？因為我們有妄想、執著和顛倒。修行就是放下我們的妄想和執著。

　　把佛號一直念下去，不是想要求阿彌陀佛來消災免難、求阿彌陀佛接引你到西方極樂世界，這樣想都叫生滅心。如果我們以清淨心來相應，就知道本來就沒有生死，沒有煩惱跟解脫的差別、沒有淨土跟娑婆的差別、沒有眾生跟佛的差別，處處都是圓滿自在，心淨則國土淨。

　　不要以為這個很難，一念相應一念佛，念念相應就念念佛，哪裡會難呢？難的原因是自己念念都不跟清淨心相應，而是跟著生死妄心相應來念佛，這樣念佛叫妄念佛，是「妄佛」而非清淨佛。因為是以生滅、輪轉、貪求的心來念佛，那個佛就絕對不是清淨的佛，而是從生滅的妄心裡所妄想出來的佛。

佛的形相

　　佛陀問：「你們認爲佛是什麼？」大家沒辦法回答。佛陀又問：「可以三十二相來見我嗎？」不行。那麼佛到底是什麼形相？有千手千眼的菩薩，也有很多頭的菩薩，到底菩薩是什麼樣的身體？是不是像科幻片裡面的金星人或火星人，還是像 ET ？外星人跟我們長得都不一樣，何況是佛跟我們？

　　如果執著這樣的相來求，就永遠都想不出佛是什麼樣子，即使想出來了也不叫佛，頂多是藝術家雕出心中最完美的佛。中國人造的釋迦牟尼佛就一定像中國人，如果是西方人造的，怎麼看都像是西方人。西方人雕出來的觀世音菩薩看起來就像聖母瑪利亞，泰國的佛像頭一定是尖尖的，無見頂相不只像個肉髻，頭髮還是旋轉的，而且是紺青色的。泰國的佛都不是面如滿月，看起來都好像是福報不足、吃的太差，臉是尖的，下巴還短短的，中國人認爲這樣的相一定會短命。像這樣的佛像，中國人是絕對不會滿意的。

　　再從歷代來看，北魏時期，還有漢、唐，以及宋、元、明、清等每一代的佛像都不一樣，因爲每一代人的審美觀都不同。唐朝人認爲臃腫是漂亮，例如洛陽龍門石窟的佛像造型，尤其是很大尊的露天盧舍那佛，

就是照著武則天的面貌形相而雕。雲岡石窟是北魏時期的作品，屬於北方民族比較慓悍的風格。各代雕塑的藝術風格幾乎都不一樣，很難說哪一尊佛像最莊嚴。

如果現在畫一尊觀世音菩薩，你一定認為不能那麼胖，現代畫的觀音一定要瓜子臉，要有像古代美女那樣纖細的感覺，最好再加點慈母的樣子。所以哪一尊叫真正的佛？《金剛經》說：「若以色見我，以音聲求我，是人行邪道，不能見如來。」我們用自己的妄心來了解佛，就很難明白真正的佛是什麼。

怎樣才不是妄心呢？就是念念想到一切眾生都具足如來的清淨德性，我們就是因為有妄想和執著才不能了解，所以只要妄想和執著一生起，馬上就要知道「凡所有相，皆是虛妄」，告訴自己不要掉在這裡。

如果落在分別對待一切眾生，馬上告訴自己：「一切眾生，生佛平等，不可以起這樣的分別心。」這就是真正的觀照，是如來的觀照慧，依這樣的觀照就不會掉在境界裡面，就不會動念想：「這個人真是的，已經告訴他了還一直這樣子，真是難教呀！」其實他跟我們無二無別，在經典裡面就有提到不能輕視初學的人，相雖不一樣，可是在性地上本就如如。

解脫大法沒有分出家或在家才能得，此刻不得是

因為方法還沒有用上，等你隨時可用上時，說不定我還要跟你學呢。我們要在日常生活中掌握佛法繼續用功，不要以為來到這裡才叫一門深入、才是專門用功發心，在家裡就叫「花」心。

在這裡雖發心精進、向道清淨、行清淨慧，但是若回到家裡仍心花花的，這個境也好、那個境也不錯，一直攀緣分別，到時就真的心花朵朵開，越開就越糟糕，越回不來了。

二入四行絕不是文字上的東西、也不是只能在殿堂上修行，而是我們生命和生活中真實的歷練。理入讓我們先具足了正知見，深信一切眾生皆具如來的智慧德性，只因妄想執著不能證得，在《華嚴經》和《楞伽經》裡面都有這樣的敘述。

達摩祖師的理入告訴我們一定要深信這樣的理，這是禪宗最重要的東西！其他的法門或是從緣起空、或者從般若慧來觀照，沒有強調深信含靈皆具足如來的智慧德性。

唯獨禪宗認為經由明心見性可證得本來清淨的如來藏，這是從佛教大乘經典的如來藏思想開啟出來的，說明一切眾生都有佛性，這樣就不會掉入斷滅裡面，一切都是圓滿、本自具足的！

4、稱法行

　　前面講的報怨行和隨緣行，這兩個叫空觀、或稱
因緣觀；而無所求行屬於假觀。最後要講的中道實相
觀，就是稱法行。

心心相印

　　「稱」是相應的意思，要唸作破音字「ㄔㄣˋ」，
也是「合」的意思。例如稱我的體重，站上去是 75 公
斤，75 公斤就是我的體重，這樣叫「稱」，就是相應
於多少沒有差別。在禪宗，弟子們參悟的心要跟善知
識們所體驗的相應，而善知識的要跟祖師的相應，祖

師的要跟佛的相應，這叫做心心相印！不要把它當成男女戀愛的心心相印。

　　真正佛法的心心相印，就是所證悟的跟歷代祖師乃至於諸佛菩薩的清淨心都無二無別，才叫心心相印。為什麼用「印」來代表？古代皇帝要證明自己的命令必須用印，因此以印來比喻。

　　皇帝的戒指上面都雕刻有字，若發佈命令便會用印，大將軍們都認得皇帝的印。早期沒有東西可以把命令封起來，就是將命令寫在紙上然後將它捲起或覆蓋，再用印沾朱色的印泥（外國是用臘）蓋在上面；印泥變硬以後，印的紋路清晰可見，如果使者不知道是真是假，就看是不是皇帝用的封泥。泥乾之後，若要打開就會把封泥弄壞。所以印就代表這個人所傳達的是皇帝的命令。

　　以前封官的人都會用金、玉或銅來製印，印的上面有印鈕，以便用繩子繫住，常以龜或其他野獸的形態做裝飾。早期因為石頭容易壞，到明朝以後才有用石頭來刻印，早期都是用銅或金，玉當然更少見。

　　中國更早期沒有印，春秋戰國時代叫「符」，符的意思是剖半。古代還沒有紙的時候，都是把字寫在竹片或木片上面，例如「聖旨」兩個字寫在上面，中

間切開成兩半，執行命令的人、和皇帝派來傳達命令的人各持一半，兩半如合得起來就叫符合。我們現在使用「符合」這兩個字就是從這裡來的。

我們修行時所應該證取的，要跟歷代祖師相應。而歷代祖師所相應的，就是我們每個人的清淨心。修行要時時刻刻跟清淨心相應，才叫做真正的修行。我們用這樣的心來做為第一念的本起因地，也就是成佛的本起因地，用功時稱性起修也不離開清淨心，最後那個初念和原來的本覺相應，才叫真正的符合。這裡面只要有一個地方錯了，就叫做「背覺合塵」，就違背了覺性、合了塵這個染污的東西。

如果我們用識心來修行，怎麼修都很難，即使已發出清淨心來用功，可是在用功的過程中，隨時也會掉回生滅心裡面，所以要常常觀照自己有沒有合乎原來的清淨心、有沒有跟諸法的實相相應。

前面只是覺悟，覺悟還不代表證悟，要親自實際體會過，真正的證悟它。證悟什麼？就是原本跟清淨心無二無別的那個東西、那個境界，這就叫稱法行。

🍃 無事閒道人

稱法行絕對是諸法的究竟本相。六祖證悟時說：

「何其自性本自清淨，何其自性本不生滅，何其自性本自具足，何其自性本不動搖，何其自性能生萬法。」我們的清淨自性具足一切，具足如來的智慧德性。

清淨心沒有生滅來去，如果有來去就叫生滅心，不名如來，如來即不生。自性本不動搖，就是要發現我們的心是本不動搖的，現在為什麼動搖？因為掉在識心裡面。就像空中的塵埃是在動，虛空（實相）卻沒有動。

有沒有看過塵埃在空中動來動去？尤其早晨出太陽時，會看到空氣中有好多小小的塵埃在動。當我們修行時便發覺清淨心是不動的，動的是我們的外相。心哪裡有生滅來去呢？把來去生滅當作實有，那就不叫真正的清淨心。

證悟就是要把本就沒有的來去生滅、和本來不動變成身心實際的驗證，而不只是想：「佛陀這樣講，我自己也有一點點這樣的感覺。」那都沒有用！更何況最後一句是「何其自性能生萬法」，就是能夠產生種種的妙法，能夠產生種種智慧的妙用。

明心見性中的「見性」，是指見到性體是如如的，本不動搖、本不生滅、本不來去的。「明心」指的是心有種種功能，心生種種法生，也具足妙用、妙德，

也就是妙用現前，要明白自己的心有哪些功能、哪些
作用，不單只是在理上的，更是在相上、在用上的實
際妙用。

　　所謂的稱法行，就是相應到法的真正實相，也就
是本自清淨、本自具足、本不動搖、能生一切萬法的，
就是真正實相的法，我們要去相應它。在這相應的過
程中，我們要全面的修持，從理入，然後再以因緣的
空觀，在如幻的假觀上面一一去修持，最後相應到實
法時，千萬別以為「因為我修了以後，才得到這樣的
東西」，或者「因為我努力去掉煩惱後，才使它變成
了清淨自在」。這都不叫真正的稱法。

　　法本來就沒有生滅、沒有來去、也沒有動搖，如
果你認為它有修有證那就錯了；反過來，若認為不必
修、不必證，也不對！不必修、不必證，理體上是如此，
但是在妙用上你顯不出來，清淨的覺性也觀照不出來，
雖有那樣作用，但你沒有真正把它發揮出來，它變成
只是潛藏的功能。我們的心性如果只有潛藏的功能，
那就不叫真正的佛。佛是具足了種種的妙德、妙能和
妙覺。

　　稱法行，必須相應到實法，要做到如永嘉玄覺〈
證道歌〉裡面講的「絕學無為閒道人，不除妄想不求

真」。「絕學」，不要以爲是可以學起來的，也不要
把它當作是宋朝張載講的「爲天地立心，爲生民立命，
爲往聖繼絕學，爲萬世開太平」。此絕學非彼絕學。

　　張載的「絕學」是指最高、最完美的學問，永嘉
〈證道歌〉的「絕學」是指斷絕一切的學習，本來就
具足的，就不需要學習、不需要落在有爲的造作上面。
不要以爲有爲的造作不要，無爲的造作就可以，如果
還落在無爲也不對，根本不要去想我要去修什麼、做
什麼，老老實實做你的本分，這就叫閒道人。

　　人家問老和尙：「老和尙，你修不修行呀？怎麼
修呢？」老和尙回答：「我啊，肚子餓的時候就去吃飯，
累了就跑去睡覺啊！」這人一聽，心想：「這個我也會，
我們也是這樣啊！」但是你們吃飯的時候千般思量，
睡覺的時候萬般放捨不下。無論吃飯、睡覺，任何時
刻我們都放不下，當然就掉在生死輪迴裡。

　　既然放不下，就要學習從修行裡面去斷除，不要
以爲自己很了不起、很有修行，越是這樣的想法就離
道越遠。如果有一份貢高傲慢的心態，常覺得「我現
在坐得還不錯，我比以前精進多了！」然後沾沾自喜。
不能說這樣想完全不對，因爲當你掉在妄想心的時候，
需要有這樣一個染、淨的對待，讓自己提昇，但是從

真心來講，它還是屬於妄。

　　當你知道真正的清淨心是什麼，就不會以一點小小的進步就覺得了不起，更何況是不落在清淨相的時候，才叫真正的清淨。中國有一句話：「水清無魚。」人如果清，這個人就孤僻，很難跟他相應。

　　學佛不要掉落在身心相上，越是學佛的人應該要越柔軟，心要真正空掉，無東西可執著才會相應到法上。自以為有滿肚子的墨水，其他東西就進不去了。我們肚子容量有限，如果現在吃飽了，人家拿一個好東西來：「師父，這供養你喔！」這時就是再好吃的東西也吃不下了。學佛的人要知道，越相應到無心，做一個無心道人，（這裡的「道人」不一定是出家人），才叫做真正的修行人。

　　修行的人要以佛號來使身心有定慧的力量，能夠照見一切諸法皆空，不隨境轉，放下一切境，同時又能了了清楚知道它的如幻假，再從如幻假裡去消自己的業障，去學習更多的智慧妙能、成就更多的技巧。因為知如幻如假，學會了什麼也不會覺得自己了不起，反而覺得什麼都要學，不會得少為足。

　　你們每一步都要清楚明白的感受念佛禪的方法在你的身心如何落實、如何去體驗。有這一步一步踏實

的體驗以後，又不去執著貪戀它，這才合乎佛法。不要在修行時糊里糊塗的什麼都不曉得，這樣是腳步虛懸。

我們要一步一腳印，步步真實，步步都跟自己的清淨心相應，步步不離開清淨心的妙用覺照，步步都相應到最後的體驗、都符合自己的真心，這才叫真正的修行，才叫入道法門，否則你永遠都是在門外徘徊。

佛陀出生時，往四方各走七步，每一步都有蓮花承足。修行可成佛，但須步步踏實的修行，一步都不可踏空。踏實即意味著步步要像蓮花出淤泥而不染，要在每天的生活中歷練，每一次的舉足下步都跟清淨心相應，不離清淨心觀照用功，在紅塵五欲中出生蓮花成就道果，也是本分之內身心的修行。

修行常犯的毛病

稱法行，「稱」有符合、相應的意思，真正相應於實法、大法，但事實上大法本來就圓滿、不動、清淨、不生不滅，能生一切萬法萬物。如果不能體會前面所講，先由理入正確的引導，行上就容易犯盲修瞎練的問題；同樣的，稱法行如果缺少理入的正知見，也容易犯「作病、止病、任病、滅病」四種修行的問題。

為能落實稱法行的修證，下面先說明這四種問題。

作病

　　所謂的「作病」，就是不曉得一切諸法本自如如、本自清淨、本不生滅，一切含靈（即有情、或眾生）皆具如來的智慧德相，反倒認為成佛要經過長劫的積功累德、努力修學才能得來，不能深信佛是由人成的，人心當下即是佛心，無二無別。

　　上述的真理是佛陀所證悟的，因為我們無法體悟，反而背道而馳，認為修行要積功累德，如同世間作學問或積聚財產一樣，越積越多才有所成就，這樣的修學心態叫做有所造作，即犯上「作病」。

　　修行若要能得力，必須深信佛陀所親證的，了解一切諸法本來就具足，自己的身心當下跟一切諸法，甚至和佛的清淨心、妙德、妙智是相應的，是同時具足的。不要範限自己就是凡夫，認定煩惱是實有，或把成佛的智慧當作是實有的，起心想要斷除種種煩惱，以漸次修證佛果。發這樣的心就落在有所造作，無法修成正果，所謂因地不正，果遭迂曲。

　　佛陀告訴我們，眾生當下與佛無二無別，性體原本具足佛的妙德性，只因有妄想執著不能證得。若修學犯上造作的毛病，則不能親證清淨性體。而作病的問題，在於執持有一個真實的身心相可得，因而衍生

所造業的煩惱也是實有，所以修行都落在身心相打轉。

　　若在身心相上取捨，修行者往往認定自己欠缺成佛的菩提資糧，好像自己是窮困的兒子，要變成富人就一定要好好的賺錢，努力打拼掙得車子以後才買房子，有房子後娶妻，有妻子後又考慮生子……，一直一直下去，這就叫做積累。認爲可以經由積累、向外追逐之後，才會使自己的德行智慧越來越圓滿。不知在積累的過程中，心已犯了造作，以爲實有除惡積善可得，終將無法成就佛果。

　　倘若避開作病而認定什麼都不要修，放任身心隨業流轉，再造新殃，如此又犯上另一個「止病」。

止病

　　有沒有人聽完以後就覺得：既然我們本來都和佛一樣，煩惱也是因緣生因緣滅、性空的，所以煩惱虛妄不存在，佛呢，也本來就天成，那何必修呢？這樣瞎辛苦做什麼？

　　有的人執理廢事，認定什麼都不必做，這樣就犯上「止」的問題。

　　作病是因著相而修，止病也同樣犯了著相，剛好是積極面的另一面。原本追逐要成佛所須的諸多資糧、

或要除掉有關眾生的染污法，現在則走在另一極端，認為既然佛本來天成、本來具足，一切污染的東西也是虛妄的，所以可以不必理它。

　　其實你認為有，往有的地方鑽，這是病；認為沒有，往無的地方去努力，照樣也是病！

　　止病，就是認為一切本自如如，一切空寂，既是空寂，就不必修證。其實還有「空寂」可得，仍是著相，依舊有問題。更何況根本尚未體驗自性如如清淨、如佛的妙德。清淨性體雖是人人本具，但是沒有真正顯發其德用，更遑論煩惱當下就是菩提。

　　若還掉在自己的生滅心，表示你的煩惱仍是煩惱，不可能把煩惱當作菩提。自己沒有這樣的境界，卻以為有這樣的境界，是自欺欺人，並沒有真正放下自我意識。

　　雖然理入說明一切眾生皆具如來的智慧德相，而我們尚未從妄想、執著、顛倒中真正的出離，所以不能認為我就是佛、佛就是我。如果你是佛，必須拿出佛的真本事，例如佛的大自在、究竟解脫諸般妙用；若無法達成，代表根本未修到相應的程度。

　　依據理入的正知見，引導行入得以朝正確的方向

進行，就不會錯誤的以為性體空寂就不必去修。性具
如此，卻未完全顯發它，例如小孩子哇哇落地的時候
是不是就是人？但他能不能表現出大人真正的大作用、
大功能？大人的這些功能，在小孩子的潛能裡都有，
但是還沒有長大就沒有實踐出來。肚子餓了，你會去
找飯菜來吃，小娃娃落地時，他自己可能去拿東西來
吃嗎？他雖有腳，卻不會走啊！

　　好比我們的佛性雖與佛無別，了不起用功時得以
體會清淨心，但還是跟嬰兒一樣，仍須進一步地培育，
最後才能真正發揮妙用。所以當自己沒有捨下一切的
煩惱、分別、執著時，就無法親證自己的清淨心，我
們就沒有資格說什麼都可以不必修了！錯解本來圓成
的真意，煩惱也不必去對治，這同樣是曲解原本的空
寂之意。自己空掉這些煩惱了嗎？我們睡覺吃飯的時
候都還是百般思量、萬般計較呢。

　　念佛時叫你們放下、放下，放下了沒有？家裡的
放不下，連現前的身心也都放不下，就要了解我們眾
生的顛倒、妄想、執著還沒有真的放下，所以修行是
很可貴的，千萬不能犯上止病！

　　「止」與「作」剛好相反，前者認為已具足了、
一切煩惱也空，所以不必這麼辛苦地修，看起來似乎

是無所求，但事實上還是著相，還是顛倒分別。

如果以為「止」的另一層意思，就是要消除止息一切煩惱、業障、無明種種的染污顛倒，才能還原本自清淨的實相，就如同神秀的「身是菩提樹，心如明鏡枱，時時勤拂拭，勿使惹塵埃」，而不知凡所有相，皆是虛妄，亦如「以色見我，以音聲求我，是人行邪道，不能見如來」。本來無一物，何處惹塵埃。諸法當下清淨圓滿，本自如如，才有造作，即與道遠矣。

任病

第三個「任病」，「任」就是任意的任，隨意的意思。既然是這樣，要用功精進不對，也不能夠心外求法，凡有所造作皆不對——就好像以前師公講晚上讀書不可以、白天讀書也不行，在屋裡讀書外面工作沒人做也不對、去外面工作不念書也不可以，因為不缺長工。到最後你實在不知道該怎麼辦，那就隨它去！

你以為這就是解決的辦法嗎？不對！隨它去是一種病，千萬不能隨它去！

例如以前我和師公一起出門，他經常上了車卻不給我買票，對師父也一樣。師父中年再出家，退役時雖有一筆錢，但後來借給別人卻未歸還，所以所剩不

多，而師公叫他做事也沒有給錢，他自己的錢用光了，最後和師公出門沒錢買票，師公竟然也不替他買，讓同車的人覺得這個出家人行徑真是可惡。一般人坐霸王車已經很糟糕了，更何況是出家人？

師父長得瘦長高挑，有書卷氣，讓人感覺很有修養，還被那樣看待。這景象在小孩子的我眼裡都覺得難堪，更何況是我師父。在那種場面下，大家盯著你看都已令人吃不消，而晚娘似的車掌小姐更是破口大罵，連「知不知廉恥」等一堆損人的話都出來了，被罵的人真是丟臉極了，臉都不知要擺哪兒。

那種情況，不是親臨其境真不能體會，可是師公坐在前面照樣當作沒聽到沒看到。我們乞憐地看著他，看他能不能回頭揮個手說：我來出。沒有，他從頭到尾都充耳不聞，老僧入定般的坐在那裡。

車掌小姐很厲害，要先解決搭霸王票才讓人下車，於是把人擋住，這就造成上下車的人諸多不便，使我們再度被責罵。一路上就看到車掌一直罵，全車的人也同聲附和，弄得你很難堪，有時連車子都停下來不走了。

更糟糕的是，司機講：你不買票不准上車！但是我們又不能下車，因為師公不下我們也不敢下，跟著

他是要去辦事的，你不能自己就下車。於是車掌罵、司機罵、乘客也罵，如果有地洞可鑽，一定鑽進去的，或者用東西把自己蓋起來。

在那環境你說該怎麼辦？只好臉皮厚當作沒聽到沒看到，隨他罵，任它境界怎麼生怎麼滅。不去理它難道是最好的方法嗎？不是呀！這樣的境界，不去理它只有讓事情越來越糟，最後真的沒辦法時，只好準備被送進警察局。當時不買票的人，有的會被送去警察局，按照犯的過失輕重，關一天或半天，但和尚幾乎沒有被關的。

大多數場面僵到很嚴重的時候，車掌小姐可能也是罵夠了，就說：好啦好啦，下次不可以這樣！我只能千高興萬高興，謝了又謝，連聲阿彌陀佛，低著頭不敢看人家，就這樣子下車。等到下一次再來時也仍是如此！

師公經常搞這一套，讓你沒辦法應對，跟他外出的命令你又不敢不聽。他不替你買票，你又不能吼，而且他因為年紀大，每次上車人家大部份都會讓位，若不讓位，他的拐棍就「叩！」一聲，硬是叫人家起來。他一坐下去就不管你，你就苦在那裡。

我後來學乖了，他要我出去跟他辦事就錢先拿來，

車票先給我再說，不然再也不聽你的。後來師公沒辦法，只好先給我錢，我師父大概不敢像我這樣耍無賴。被整這麼久，我師父當然是很難受，師公就跟師父講：和尚沒錢是天經地義的，做一個出家人就是要在逆境中學會用智慧處理一切狀況，你沒有錢，但是錢在每一個人的口袋裡，哪裡會沒有？出家人口袋裡沒有錢才是真正的修行人。

大家口袋都有錢，所以出家人口袋不要有錢，別人口袋有錢就好。意思就是要轉這樣的逆境。車掌小姐跟你要錢的時候可以說：「啊～車掌小姐對不起，貧僧真的沒有車費買車票，能不能慈悲方便我坐一次？」如果車掌小姐一定要你買票，你就跟同車的那些乘客說：「諸位大德，諸位菩薩，貧僧因為出家很窮苦，沒有錢，但一定要出外辦事情，請諸位大德能不能替我買個票？施主的恩德貧僧感激不盡，將為施主誦經祈福，所作功德定不唐捐。」

其實大多數人都還有一點佛教信仰，何況車費也不貴，這樣一講人家就願意替你出錢了，替你出錢就是結眾生緣；本來是跟你無緣的，現在你化了緣，這個緣就結上了，以後要度他就方便。

更何況，在那樣的境界講這樣的話，不會有人歧

視你的。出家人修道，身貧道不貧，就說：對不起，我出家後身上從不積聚任何錢財。而且我師父本來就穿的很破舊，我師公也一向穿的很差，所以講出這番話大家更能知道狀況，何況那一條路線就只有這個公車，大家也知道這個老和尚是誰，如果我師父說：「我就是新出家的，叫醒世將軍。」大家一聽到原來這麼出名的作者也來出家，恭敬歡喜布施都來不及呢。

我師公當時就是整人家，整得你不知如何是好。在那樣的環境用「隨它去」根本就隨不了，一定要化成智慧。所以你不能一律判定說：「作」也不對、「止」也不對，那就什麼都不管，若有這樣的因緣就修、沒有這樣的因緣就不修，有這樣的事情做我就做、沒有那樣的因緣就不做。

如此叫做隨緣消舊業嗎？沒有，舊業根本沒有消，而且都沒有發起真正的願心。要修行就一定要發菩提大願，度自己出離生死苦海，也要度一切眾生出離苦海，態度要很積極、很用功，哪裡是隨隨便便、心不在焉就想有所成就？

所以「任」也是修行的弊病，因為仍落在「任相」上，心有所執取就著相。倘若能不落相上，就不會掉在任隨上。

　　一切本來圓成的妙法不是任隨的，也不是企求、造作的，也不是不去管。我們應稱性起修，首先要發出與清淨心相應的本因心，跟自己清淨心相應。念頭一起，相應到諸法的實相，即印證己心與佛心無二無別，如此就是發菩提心，菩提心就是清淨心。發菩提心就不會落入「任」的問題，而稱性起修就不會隨波逐流。

　　稱性起修，就是從心上起一個智慧的觀照，即妙觀察智，知道一切諸法當體是空，所以不要執著；雖然是空的，但有其如幻假的業用功能，所以不可背離因果和因緣法則。具足如上所說的中道正見，能以無所求的心莊嚴道業，每一步都很踏實，怎麼會是隨隨便便任它去？當然就不會掉在任病。

滅病

　　滅病的「滅」，即是繆認諸佛的涅槃就是滅除一切的起心動念，認定斷滅即是寂滅。這種錯誤的見解導致什麼都化成烏有，根本不用修。這跟前面的「止」不一樣，「止」是為遠離作病，而另著空寂相；不造作，卻陷入有一個不生滅的佛性可得，將其實質化。

　　「滅」和「作」剛好相反。造作認為有實際的佛

性可證取，不知佛性乃緣起性空，豈是努力修得來的？而斷滅如同枯木槁灰，截然不同於佛法揭示的空寂。空寂是諸法的實相，因其空寂故，諸法得成，並非斷滅、空無一物。

「滅」似乎是無相，但它仍著於斷滅相而變成一種邪見，認為什麼都不必修、也不必做，因為都是空無。有這樣的念頭很糟糕，因為前面的作相、止相、任相都還有一種往上的著力點，還能起心動念往好處去追求，但如果犯上滅相，就認為沒有因緣果報、也沒有作善作惡的約束，總以為到頭來是一場空，那又何必有所作為？這種消極的態度就變成過失，這往往是修行人容易犯的，例如聽到前面說明諸法的實相本是空寂、無智亦無得、沒有老死、也沒有老死盡，就自以為：既然無智無得，那還修什麼？

當初我剛從佛學院畢業回到文化館講經時，有些老菩薩和一位老比丘尼聽經後好歡喜，尤其這位比丘尼，她說出家這麼多年，從來沒有聽過這麼多的經，也沒有人講得那麼詳細、那麼好，所以將自己出家一輩子省吃儉用的錢親自替我做長衫、掛褲供養我。

等她聽完《阿彌陀經》、《地藏經》等幾部經之後，她表示聽人說「成佛在金剛」，《金剛經》聽完才能

成佛，就請我講授。於是我先解釋經題「金剛般若波羅蜜經」，講完時還可以接受，但是當講到般若空，即所謂妙智慧的空是沒有佛可成、沒有煩惱可斷時，這位比丘尼極度恐慌。她說，我出家吃素就是爲了要斷煩惱、就是要成佛啊！結果你卻說無佛可成、無煩惱可斷，那我不要聽了，我不敢來了。後來她就不再來聽課了。

在師父所著的《完全證悟》中有關《圓覺經》教示也有類似個案。他說在一次禪七中，有一位老菩薩修行三十幾年，到了第二天還是第三天，聽我師父講到無佛可成、無煩惱可斷，於是跑去見師父。他說，我修行學佛三十幾年，歷經過種種的困難、災難，都是靠著佛法、靠著佛菩薩的慈悲，才把所有的障礙困苦一一走過來，所以我完全依靠佛，也希望有一天能夠了生脫死，但是聽法師一講無佛、無生死之後，我不知道該怎麼辦，我不敢再學了。於是他就離開了禪堂。

很多人在聽到這種教導之後，也是這樣緊張，像我不敢跟我媽媽講無佛可成，她念佛念得很積極、很認眞，甚至覺得種種一切都是佛菩薩在保佑，保佑她連生病都不會有；她不是怕生病，而是覺得生病要花

錢捨不得，她把每一分錢都存起來做供養、布施。

　　她常常告訴我佛菩薩很感應，連一百塊的掛號費都替她省下來，所以要學佛一樣慈悲度眾生，她這一生的苦才有價值。因此我絕對不敢跟她說無佛祖，我一定是跟她講：對！阿彌陀佛很慈悲、很莊嚴，觀音菩薩又是怎麼的好。加強她的信心。

　　向你們說無佛可成，如果你們掉在斷滅裡面那就糟糕了、錯解了，我沒有說無佛可成啊，不然我出家修行教你們做什麼？當然有佛可成！

　　綜合以上所說，修行佛法應依照《圓覺經》的教示，不可犯上「作、止、任、滅」四種病。前三種病的共通處在於著相修，最後的滅病則是失去修行的著力點。

　　作病是不敢承擔本具的佛性，向外追逐；止病則認定佛性已先天具足，何須再修；任病是未起慧照因果，任隨識心遊走於作、止二病；滅病則是一種否定因緣果報的邪見。

　　修行者若能識得這四病並予以導正，遵照理入的指引，定能符合四行中的稱法行，所謂的稱性起修。

在無法可得中精進努力

若著在作、止、任相上，就是以生滅心來修，永遠成就不了佛果。而且以自心相去想佛，所變現出的絕對不是佛，一定是魔。應當要斷離種種攀緣、企求、有所得的諸心，以達到全部放下，老老實實的念佛。念佛就是念佛，拜佛就是拜佛，以無所求的心精進努力，沒有犯上前面講的四病，就是稱法行。

「稱」就是符合每一個時間都在修行，每個起心動念都與清淨心相應，能發出這樣的菩提心，一起念的時候就是合乎正念、合乎正法，所起的正念即是稱性起用。譬如運用觀慧燭照一切諸法本來空寂、因緣所生，不要執著在諸般假相，所受的苦果也能知其因果凜然，就能甘心受報，掌握自心不苦。因為知道諸佛與我們平等，我們都具足像佛一樣的智慧，所以不要妄自菲薄，只要繼續努力，以無所得的心修行佛法，這叫修而無修、無修而修，在無法可得中精進努力！

千萬不要以為法與空是對立的，其實法與空是不二的。例如《心經》教導，觀色即是空，空即是色，色不異空，空不異色，乃至受、想、行、識也如是觀；擴及十八界，包括六根、六塵、六識、乃至十二因緣法的觀照皆相同。

　　如何起觀照？例如我們要依序修六根、六塵、六識，知道它當下是因緣和合的，沒有實體故知空寂。緣起法則是緣起性空，一切法有當下皆空，雖空卻又不是斷滅，空裡面就有色，所以空、色是「即」，顯示因緣法裡面空、色是一體的，不是分成兩樣的。

　　「不異」，指出其作用沒有差別。「即是」和「不異」並不相同，「色不異空，空不異色」和「色即是空，空即是色」，於妙用、性體上的方便施設不同。例如麥克風，不能說它有、也不能說它無，因為麥克風當下無自性，是眾緣和合的──所謂自性就是保有自己永遠不變、亘古長存的特質──所以不能說它有，但又不能否定它現在的宛然有、如幻有的麥克風存在，說它空、說它有都不對，因為它是一體的東西。

　　從實際相來講，沒有永遠存在的麥克風、或者永遠真實的麥克風。再進一步檢視麥克風有沒有實存，如果我把麥克風用力一砸它就壞了，還存有麥克風嗎？只要出現一個問題，麥克風就不能成立，例如電池不夠，麥克風就失去它的作用。

　　我們一聽到麥克風的名稱，就知道它的作用，這就是「色即是空，空即是色」。不是等到沒有麥克風才說麥克風是空的，當下就要知道色空一體不二的。

　　同樣的，我們的身體有沒有確實存在？不能說它有，也不能說它沒有。因為如果有真實的身體存在，媽媽生你下來時是什麼樣子，應該永遠都不變；如果會變，可見這個身體沒有實際的存在。十年前是你，還是二十年前或三十年前那一個是你？如果有一個真正的你，應該永遠都不變的，這樣才是萬古長青，可見會變的都不叫真正的實在，因為它只是因緣和合。

　　但也不能說沒有這個我存在，不然現在會吃、會哭、會笑的這個人是誰？所以說他有也不對，說他沒有也不對。知道眾緣和合的時候就有他，眾緣和合的當下也沒有他，你馬上知道他會改變的。因為眾緣生起的原因，說它當下是空，也說它當下有，所以色即是空，空即是色。

　　色不異空，空不異色，「不異」不僅在性體上它們是一致的，而且在作用上的功能也是一樣沒有差別。不要以為宛然有的作用和本體的空彼此是對立的，性就是相、相就是性，不要以為性、相是兩個對立的東西，兩個東西是一體的。不僅在本質上面，就是連功能作用上面也是一樣的，因為離開了因緣和合的假，就沒有麥克風的作用，這裡面只要有一個因緣不在，它就不叫麥克風，所以它的假當下就跟那個空相應。

空不是沒有，如幻空當下就是如幻假，假的作用就在空中顯現。

以這個茶杯來講，知道它當下是空、當下也是有，所以才看得出是茶杯。它的作用不能離開這個空，茶杯如果全部都不空，就變成實心的，那不叫茶杯。空是因為有色的作用，才顯現出空的認知，否則怎麼知道空的存在？要有這個空，才能顯現出茶杯的作用；空因茶杯的作用和其外形相貌而顯發，所以茶杯的空才展現成這樣的。

空的認知不要離開有來表達，也就是法的相用、功能與其本體是相契合的。不僅本體是空性，連其相用、功能當體也是空性，所以宛然有並非離開空；因為空故，才能顯出有的妙用。

稱法行指引我們觀照一切諸法當下不離開因緣和合、也不離開如幻假，這個就是真正的智慧，叫做空觀的智慧，見到諸法實相的智慧。諸法的實相本來空寂，但因空寂故而有一切法，所以《心經》揭示「色即是空，空即是色」。

一般修行認為要證得智慧以斷煩惱，再證涅槃得成佛。而一切法的實相是無智亦無得，沒有生滅法和解脫法，這才是真正的稱法！因此稱法就是沒有離開

空，也沒有離開有，而且是以無所求的心態來用功，才能夠眞正相應諸法。

　　其實稱法行是步步先從理入、從生活生命的實踐中，每一步修正自己的身心，除了遠離上述「作、止、任、滅」四病之外，還要審查是否掉入「我、人、眾生、壽者」四種更細微的著相。底下就四相加以說明。

🍃 凡所有相，皆是虛妄

　　首先，修行眞正的用功，常降伏我相、人相、眾生相、壽者相，認知一切諸法「凡所有相，皆是虛妄」。虛妄不要把它當成斷滅的那種虛妄，只知道它是不眞實，所謂不眞實是因爲自己原來錯認它爲眞實，錯認眞實就叫虛妄。除掉這種錯認，當下知道一切諸法的實相是緣生緣滅，因緣和合而有法生起，因緣滅而法不復存在，所以緣起、緣生中的法無實存，那又何須執著？

　　如此，即依不生滅心來修，所觀照的法也是不生滅法，最後證的是不生滅的大法，這才叫稱性起修，不離開眞心，步步修證都流入薩婆若海，即清淨心海，終究印證的也是清淨心。

　　因此，一開始用功須發菩提心，一直到最後圓滿、乃至中間也未離眞正的清淨心！

我相

　　身爲凡夫，不論居士或出家人，修行首先會落入我、人、眾生、壽者四相，凡夫常執取此四相爲眞實。

　　「我相」就是認爲有一個眞實的身心相可得，以爲自心可以領受諸法，譬如現在討厭苦惱，就想要求得滅苦的方法，這就是落在身心相上，同樣是生死心、生滅心。另一種則憎恨生死可怕、欣慕解脫圓滿，喜歡的就貪、不喜歡的就厭惡，這都是落在人相、我相上面。

　　我們修行常常都以生滅心在修，每一步皆掉在自己有所求、有所得的虛妄中，於相不能離相。應當要用心觀照自己是否落在我相、人相、眾生相、壽者相，一旦掉在裡面就離開了清淨心。

　　修行絕對不可掉在有境界可得、可求，或者現在身心舒不舒服、樂不樂等等，這都是執著在相上而被牽制，無法自主。如何才能不受限？必須知道凡所有相，如夢幻泡影，如露亦如電，這樣就不再執取它了。

　　只要老實本分的繼續修行，漸漸降伏四相，到達了知一切有爲法都是非眞實有，這樣就不被法所繫縛，亦無法可求，當然就不證自證、不悟自悟。

　　佛陀告訴我們，沒有涅槃法、也沒有佛涅槃、或涅槃佛。不要以為現在用功修行，怎樣努力才會成就，越這樣想我相就越大，當然也不可落在斷滅上認為無佛可成，仍然要發一個清淨心，也就是菩提心，以無所求的心努力去行持佛法。

　　菩提心是上求佛道、下化眾生的願心，菩提本空，眾生也本無，所以無眾生可度、也無佛可成。但是就像陀告訴須菩提，就是因為沒有一個叫須菩提、沒有般若法、也沒有這些菩薩，仍然要發心為這些菩薩闡明般若法。

人相

　　「人相」就是從自己的身心衍生出對於山河大地的執實，經由我相衍生出諸多眷屬，舉凡對自己家人和自己身心的貪戀，貪財富、名譽、情感等眷屬，這都叫人相。

　　比方說罵你的名字混蛋，這名字是不是跟真實的你沒有相關？可是當你被取了這個名字後，便認為這個名字就是你，一聽到某某名字是混蛋，馬上就把它和自己連在一起，這就變成人相。我相是最主要的原因，因為先有這個「我」。

當人相越來越多的時候，我相就越來越大、越揹不起來，自己就越在人相中更加迷失。例如在財富方面，一聽股市又大漲一萬點，很多人大概都不會先來拜佛，而是趕緊去買股票，因為想要追逐財富，這就是對我相貪念、貪執後，把人相變得越大。

本來人相與我相仍有一段距離，但是人相擴大到最後蓋過了原來的我相，於是變成人為財死、鳥為食亡。本來人命是最重要的，可是到最後會為財而死，財就是人相，甚至為名譽而戰，你侮辱我，我跟你決鬥，維護我的名譽，西方人很喜歡這樣，像這一類的都叫人相。

衆生相

「衆生相」指放不下人相、我相的念頭。例如吃飯時不好好吃、睡覺時不好好睡、坐在這裡念佛時也不好好念，一大堆心念倏起倏滅，這些念頭就叫做衆生相，衆多生滅的心念即是衆生相。

檢視自己用功的時候有沒有掉在衆生相？如前述的身心相、眷屬相還會不會影響？若對於這些衆多的念頭，在用功時仍牽纏不放，還自以為在用功，最終只是徒勞無功。

　　覺得念佛時的體驗很好，不要執著它，只要知道就好，一旦執著它就會掉進人相。若修得更好，許多境界都會出現，譬如阿彌陀佛現身、法義從耳涌出、天樂也出來、眼睛看到一堆奇妙的景象，這些現象都是眾生相，都要放下！

　　用功修行後六根會清淨，所體驗的和原來的不太一樣，尤其從六根的感受產生出殊勝的清淨相，也都要放下！

壽者相

　　「壽者相」就是所有這些相都和命根一樣，一直執持不離，如果離開也只是暫伏而已，境界一來它又冒出來了。

　　有一個賣豆腐的人跑去禪堂打坐，沒多久他就高興的大叫「我知道了！」禪堂裡面的其他人想，這個人境界這麼好、根性這麼利，我們坐了二、三十年都還不知道，他坐了一時三刻就知道了。

　　大家問他：你知道什麼了？他說，我知道王家三年前欠我一塊豆腐五毛錢，到現在都沒有還！

　　很多事事物物，我們確實都潛伏下來，但並不是已經對治、或真正認知了它。所以不要以為境界不現

前，就代表我現在的身心很自在，就叫做有修行。其實我們的修行都是經不起考驗的，往往考驗一來就不知如何是好，尤其是歷經生離死別的那一刻，更是不知如何是好，我們很多人都會掉進這裡。

學佛就是要從這些相裡面真正的脫離出來，知道凡所有相皆是虛妄，因緣和合是如幻的，存在的時候也不叫真的存在，只是暫時的有；不在的時候，也不是真的不在，因為心性本來就沒有離別，一切諸法本來都是圓滿的，沒有所謂的離別。

覺得離別的是現在的妄心，妄心掉在妄境，就覺得有生死離別。若能達到心沒有分別，能時刻不離自己死去的親人，甚而與法界一切眾生都沒有離別，如此才是真正的常相憶，是真正的常恆，沒有生死、時空、和種種的隔絕，因為心本來就不生不滅，清淨的心本來就不來不去。

這不來不去的清淨心是要自己去努力的，當自己努力走過時，就能體會到這些境界。這些人已經走了，自己還會覺得掉在苦裡面，那是因為還在用妄心、識心，如果用清淨心去感受的話，一切東西本來就萬古長青，本來就不生不滅，才名為「如來」。

不要以為只有佛才是如來，我們一切眾生也是如

來，只因眾生有妄想執著，它就是來而不如。本是如來，來了卻起顛倒，這就很可憐。悟了，來了以後也能如實的話，就沒問題。

倘若能漸漸降伏以上說明的凡夫四相，了知一切有為法非真實有，是宛然有，即能掙脫法縛，自可做到不證自證、不悟自悟了。

總而言之，稱法行是從修行上落實我們的工夫，尤其是一定要有定慧力。先把根紮實以後，產生堅固的根，就獲得定慧力，再於生活、生命的歷練裡常常去覺照，心不離開定慧力、清淨心及實相大法，任運智慧觀照，就能隨緣消舊業，而且莫造新殃。

在舊業裡不僅能消業，而且可以成長自己的悲智願行、圓滿自己的真智及如幻假的後得智，就能破塵沙惑，乃至無邊善巧菩薩的大願智，皆是從稱法行裡慢慢去成就的。

臨別叮嚀

　　希望大家好好努力，只有自己辜負自己，佛菩薩沒有辜負我們！佛七結束後照樣用這個方法繼續用功，要常常回來共同用功修行，雖然本來具足，但是業障深重，所以沒有辦法照見它，就需要常常回來共修。要多聽聞善知識的教導，周邊的人都是善知識，看看人家怎麼發心精進努力，我們要能夠感受並效仿之，雖然這也是識心，但是不要執著，知道要這樣子的用心，那就是智慧。

　　千萬不要以為智慧就是空了，就什麼都沒有。智慧就是能夠在遇到境界時去圓滿它，不著它的相而產生種種妙用，即是「不異」，誠如《心經》的「色不異空，空不異色」，才是真得妙用。

　　希望大家好好的積極努力，尤其一開始下手時，不離開真正的實法實相，只要照著去修，一定可以在短期內得力！

歡迎加入
「祖師禪林法施功德會」
讓更多人知道佛法的好！

「佛法這麼好，知道的人這麼少」，所以發願讓所有的人，都能夠體驗佛法的好———這是聖嚴長老學佛弘法的初發心，也是聖嚴長老一生奉獻、實踐的寫照，更是他老人家對僧俗四眾弟子最深切的咐囑。

祖師禪林做為一個專修祖師禪法的道場，以承當聖嚴長老的願心「發揚漢傳佛法，燄續祖師心燈」自勉，結合經教義理、漢傳祖師禪法的特色、聖嚴長老的教誡、以及果如法師的修行體驗為指引，定期舉辦念佛、默照、話頭等禪修訓練，弘講經典及公案語錄，並以不拘形式的茶禪、攝影禪、書法禪等生活藝術禪坊，誘導學人在生活中親近禪法。

為了讓更多人知道佛法的好，祖師禪林所有的講經說法、禪期開示、小參請法、對談內容、活動過程，都需要文字和影音的紀錄、整理、流通和宣揚，亟需長期投入大量的資源。「祖師禪林法施功德會」由然

而生，非常需要您的護持，和我們一起共同承當聖嚴長老的願心。

　　歡迎您定期定額捐款贊助，或不定期隨喜護持，弘護影音文字法寶流通，功德無量！所有護持「祖師禪林法施功德會」的功德主及其捐款金額，我們都會在祖師禪林出版品的內頁誌名，感恩您的發心願力。

　　現在就加入「祖師禪林法施功德會」，讓更多人知道佛法的好！

詳情請洽祖師禪林知客處，電話：(02)2891-5205，

傳真：(02)2891-5317

法施功德會專用匯款帳戶：

萬泰銀行（代碼809）天母分行（代碼0382）/

戶名：祖師禪林 / 帳號：038-11-80292-1-7

Account Name: Chan Cultivation Center /

Account No.: 038-11-80292-1-7

SWIFT Code: CSMBTWTP /

Bank: Cosmos Bank, Taiwan (Teinmu Branch)

感恩法施功德主
祖師禪林「法施功德會」護持名單

捐款明細：（金額未特別註明者，以新台幣計）

30,000 元：柯有倫、柯立珍、柯有謙、周博軒、
周添泰、周天昕、周添昇、宋麗華、
陳宗甫、陳煒婷

10,000 元：袁譓芬

5,000 元：方素英、黃致衡、張素秋、賴黃錦鶴、
莫靄瑜

3,000 元：唐毓璣

2,000 元：陳文豪、鄭靜芬、陳佳慧、陳一心、
鄭張金貴、蔡玲蘭

1,000 元：范春蘭

500 元（澳幣）：莫定頤

國家圖書館出版品預行編目（CIP）資料

達摩與你同行 / 果如法師著. -- 初版. --
　新北市：大千，民 102.2
　　面；　公分. --（精進禪修系列；5）
　ISBN 978-957-447-273-4（平裝）

　1.禪宗　2.佛教修持

226.65　　　　　　　　　　102000858

精進禪修系列 05

達摩與你同行

作　　　者：果如法師
出 版 者：大千出版社
發 行 人：梁崇明
文字編輯：沈麗文
攝　　　影：江思賢
封面設計：許沛晴
封面攝影：許沛晴
登 記 證：行政院新聞局局版台省業字第 244 號
發 行 處：新北市中和區板南路 498 號 7 樓之 2
電　　　話：02-2223-1391
傳　　　眞：02-2223-1077
流通處一：祖師禪林
地　　　址：台灣台北市北投區復興三路 198 號
電　　　話：02-2891-5205
傳　　　眞：02-2891-5317
流通處一：玉佛寺
地　　　址：台灣新北市中和區民享街 457 號
電　　　話：02-2222-7290
傳　　　眞：02-8227-6543
初版一刷：中華民國 102 年 1 月

ISBN：978-957-447-273-4

工 本 費：300 元